Corinna Schmoock

Lernwerkstatt
Ritter, Burgen & Co.

PERSEN

Gedruckt auf umweltbewusst gefertigtem, chlorfrei gebleichtem und alterungsbeständigem Papier.

7. Auflage 2019

Illustrationen: Barbara Gerth-Mohr
Satz: www.dtp-design.eu

ISBN 978-3-8344-0160-1

www.persen.de

Inhaltsverzeichnis

1 Einleitung

1.1 Didaktischer Hintergrund

Kinder sind zumeist vom Thema „Ritter und Burgen" fasziniert. Burgen sind für sie direkt erfahrbar, sei es in der näheren Umgebung oder im Urlaub. Sie stellen somit eine sichtbare Verbindung zwischen der Vergangenheit und dem Leben heute her. In Filmen und Büchern wird jedoch oft eine falsche Vorstellung vom Leben zu Zeiten der Ritter und Burgen vermittelt: Die Lebensbedingungen werden verherrlicht und auf den Kampf reduziert. Über den Alltag der Frauen und Mädchen wird nur wenig oder gar nicht berichtet. Kinder können dabei eine einseitige Vorstellung vom Alltag der Menschen auf einer Burg und weiterführend vom Mittelalter bekommen, den Mädchen fehlen Identifikationsmöglichkeiten. „Damit die Motivation an Historischem nicht auf Kampfgeschichten reduziert wird, ist es wichtig, anknüpfend an das Interesse einen Einblick in tatsächliche historische Verhältnisse zu bieten".[1] Das Thema kann schwerpunktmäßig der fachlichen Perspektive „Zeit und Geschichte" zugeordnet werden. Die historische Perspektive soll den Schülerinnen und Schülern ermöglichen, Einblicke in das Leben der damaligen Menschen zu erhalten sowie Bezüge zum heutigen Leben herzustellen. Sie sollen zu der Einsicht gelangen, dass die Zukunft und die Gesellschaft durch Handeln veränderbar sind. Das heißt, dass die Bedingungen, unter denen Menschen heute leben, die „Folge von Entscheidungen, Handlungen und Fähigkeiten von Menschen, die vor uns gelebt haben"[2], sind. „Kinder verstehen, dass ihre Gegenwart das Ergebnis vergangener Entwicklungen (...) ist und gegenwärtige Verhältnisse daher veränderlich, veränderbar und zukunftsoffen"[3] sind. Somit wird auch politische Handlungsbereitschaft, verantwortliches Sozialverhalten sowie Charakterstärke gefördert.[4] „Die Entwicklung von Zeit- und Geschichtsbewusstsein sowie die Persönlichkeitsentwicklung stehen in einem engen Zusammenhang".[5] Darüber hinaus erfahren die Kinder, dass es zuverlässige Aussagen über „das Leben früher" gibt, die sich belegen und dokumentieren lassen. So werden sie an den kritischen Umgang mit Informationen und Quellen herangeführt.

Astrid Kaiser meint, bei einem historischen Thema „Lernen mit allen Sinnen" zu ermöglichen. Im Mittelpunkt sollten neben Sachinformationen handlungsorientierte und fächerübergreifende Inhalte stehen.[6] Auch das Kerncurriculum betont, dass „Wissen und Können (...) insbesondere über das Handeln aufgebaut"[7] werden.

Im Sinne der didaktischen Reduktion wird das Thema der Werkstatt auf das Spätmittelalter begrenzt. Die Vorkenntnisse der Kinder beziehen sich zumeist auf diese Zeit mit stattlichen Burgen und dem Aufblühen der Städte. Des Weiteren soll ein exemplarischer Eindruck vom Leben der Menschen damals vermittelt werden. Eine gesamte Aufarbeitung des Mittelalters würde eine Überforderung darstellen.

1.2 Fachlicher Überblick

Der Begriff „Mittelalter" bezeichnet das Zeitalter zwischen dem Altertum und der Neuzeit, d. h. vom Ende des Römischen Reichs in Westeuropa um 350 n. Chr. bis zur Entdeckung der Neuen Welt im späten 15. Jh.[8] Eine Burg (ursprünglich: befestigte Höhe) war im engeren Sinn der befestigte Wohnsitz eines Feudalherrn oder Königs. Sie diente der adeligen Führungsschicht nicht nur als Wohn- und Verwaltungssitz, sondern auch als militärische Schutzanlage.[9] Die ersten Burgen bestanden aus einfachen Holzbauten. Im 11. Jahrhundert gelang der Bau von Steinburgen.[10] Am Ende des 14. Jahrhunderts verloren die Burgen durch den Einsatz von Feuerwaffen ihren Wert als Zufluchtsort, wurden als Wohnsitz aufgegeben und verfielen. An ihre Stelle traten prunkvolle Schlösser.[11] Die Werkstatt bezieht sich hauptsächlich auf die Zeit im 12. und 13. Jahrhundert, d. h. auf das deutsch-französische Spätmittelalter. Während dieser Blütezeit des Feudalismus entstanden in erster Linie die heute bekannten Burganlagen.[12]

1 Kaiser, 2001, S. 194.
2 Grevé, 2002.
3 Ebd.
4 Vgl. Kerncurriculum Niedersachsen (Sachunterricht), 2006, S. 11.
5 Vgl. Kerncurriculum (Sachunterricht), 2006, S. 10–11.
6 Vgl. Kaiser, 2001, S. 195.
7 Kerncurriculum (Sachunterricht), 2006, S. 9.
8 Vgl. Corbishley, 1991, S. 4.
9 Vgl. Microsoft „Encarta Enzyklopädie 2001".
10 Vgl. Marchand, 1993, S. 6.
11 Vgl. Brochard, 1981, S. 58.
12 Ebd., S. 9.

In einer Burg des Spätmittelalters lebten zumeist ein Burgherr mit seiner Familie, Ritter, Geistliche und Dienstboten. Die Burgherrin war für den Haushalt und die Kindererziehung verantwortlich. Ihr standen Mägde und Diener zur Seite. Bei Abwesenheit des Burgherrn stand die Burg unter ihrer Leitung, auch während einer Belagerung. Die Frauen und Mädchen der adligen Familien waren oft gebildeter als die Männer. Jedoch wurde der Bildung keine große Bedeutung zugesprochen. Die adligen Mädchen wurden auf keinen Beruf vorbereitet, sondern sie sollten lernen, eine gute Ehe- und Hausfrau zu sein.

Als bedeutsamer wurde das Erlernen von Kampftechniken angesehen. Adlige Jungen sollten in erster Linie den Umgang mit Waffen erlernen und eine Ausbildung zum Ritter absolvieren. Diese begann im Alter von sieben Jahren als Page und führte über den Knappen (mit 14 Jahren) zum Ritter (mit 21 Jahren).

Ritter (mittelhochdeutsch: Reiter) gehörten zur sozialen Gruppe des niederen Adels und waren zentrales Element der mittelalterlichen Kriegsführung. Zum Schutz trugen die Ritter anfangs Kettenhemden, welche im Laufe der Zeit durch immer schwerere Rüstungen ersetzt wurden. Im 12. Jahrhundert wurden in Europa Wappen eingeführt, um die Ritter im Kampf unterscheidbar zu machen.[13] Diese wurden von Generation zu Generation weitervererbt, wobei sich das Wappen durch eine Hochzeit verändern konnte. Das Wappen kennzeichnete die Herkunft und die Gesinnung des Ritters.

Zur unteren sozialen Schicht gehörten neben den Bauern fahrende Spielleute, welche oft auch Gaukler (althochdeutsch goukal: Zauberei) genannt wurden. Diese umherziehenden Unterhaltungskünstler trugen auf Festen oder Jahrmärkten Musikstücke und Trickkünste vor. Im 14. und 15. Jahrhundert entwickelten sich aus den Spielleuten die festangestellten und ortsfesten Stadtpfeifer bzw. Stadtmusikanten.[14]

Die Bauern waren zumeist Leibeigene des Feudalherrn oder Ritters, auf dessen Land sie lebten. Sie waren zu Dienstleistungen bzw. Abgaben verpflichtet und standen im Gegenzug unter dem Schutz ihres Herrn.[15] Die ländliche Bevölkerung lebte fast ausschließlich vom eigenen Anbau und Viehzucht. Für die Hausarbeit waren die Frauen zuständig. Die Bäuerinnen mussten diese zusätzlich zur Feldarbeit erledigen. Zur Konservierung von Lebensmitteln kannten die Bäuerinnen als auch die Feudalfrauen drei Methoden: Trocknen, Räuchern und Einsalzen.[16] Das Salzen war der unteren Schicht jedoch kaum möglich, da Salz selten und teuer war.[17] Getrocknet wurde hauptsächlich mageres Fleisch, Fisch und Obst. Würste und fettes Fleisch bzw. Fisch wurden dagegen geräuchert.[18]

Eine wichtige Grundlage beim Kochen war das Würzen mit diversen Kräutern. Gewürzt wurde dabei je nach sozialer Schicht mit einheimischen Kräutern wie Petersilie, Pfefferminze, Salbei, Kümmel oder auch mit ausländischen Gewürzen wie Pfeffer, Zimt, Safran, Thymian und Basilikum, welche aus dem Mittelmeerraum importiert wurden.[19]

Kräuter wurden ebenfalls als Heilmittel bei Krankheiten eingesetzt. Insbesondere Frauen arbeiteten als Heilerinnen und verfügten so über umfangreiches Wissen. Dieses wurde vielen Frauen im Spätmittelalter zum Verhängnis. Die Kirche gewann immer weiter an Macht und denunzierte gebildete Frauen als Hexen. Diese mussten ihre Arbeit einschränken, wurden verfolgt oder zum Tode verurteilt.

Die Städte gewannen im Spätmittelalter immer mehr an Bedeutung. Bauern suchten in den Städten nach einem besseren Leben, Kaufleute siedelten sich an und Handwerker begannen, sich in Zünften zu organisieren. Auch Frauen führten Betriebe und bildeten sich fort. „Stadtluft macht frei“ war ein gängiger Slogan dieser Zeit. Zum Ende des Spätmittelalters wurde den Frauen jedoch das Arbeiten mehr und mehr verboten oder sie wurden wegen Hexerei verfolgt (siehe oben).

Einheitliche Maßeinheiten waren im Mittelalter noch nicht bekannt. Ob beim Messen, Wiegen oder Bezahlen – in jeder Region gab es andere Richtlinien und Maße. Erst in der Neuzeit wurden einheitliche Maße nach und nach eingeführt.

---

13 Vgl. Microsoft „Encarta Enzyklopädie 2001“.
14 Vgl. Microsoft „Encarta Enzyklopädie 2001“.
15 Vgl. Microsoft „Encarta Enzyklopädie 2001“.
16 Vgl. http://www.lehnswesen.de/page/html_ernaehrung.html.
17 Vgl. Lamschus, 1991, S. 2.
18 Vgl. http://www.lehnswesen.de/page/html_ernaehrung.html.
19 Ebd.

1.3 Erläuterungen zum Werkstattunterricht

Die Unterrichtsform der Werkstattarbeit[20] ermöglicht es, auf die individuellen Lernvoraussetzungen der Schülerinnen und Schüler durch differenzierte Arbeitsaufträge einzugehen. Bei der weiteren Planung und Gestaltung der Werkstatt können die Schülerinnen und Schüler mit einbezogen werden, indem sie Fragen und Interessen zum Thema einbringen. Eine Werkstatt lässt sich am besten durchführen, wenn Doppelstunden zur Verfügung stehen. So können sich die Kinder in aller Ruhe in eine Aufgabe vertiefen.

Die fächerübergreifenden Informationen dieser Werkstatt werden auf verschiedenen Lernwegen angeboten. Die von *Frederic Vester* angesprochenen Lernkanäle finden hierbei Beachtung.[21]

Während der Arbeitsphase können die Kinder bei fast allen Aufgaben die Sozialform frei wählen, um ihren individuellen Bedürfnissen nach Zusammen- oder Einzelarbeit entgegenzukommen. Fragen und Probleme sollen die Schülerinnen und Schüler weitgehend eigenständig klären, um sie in ihrer Autonomie und Kooperation zu fördern. Aus diesem Grund gibt es pro Aufgabe ein Expertenkind[22], das für Fragen bez. seiner Aufgabe zur Verfügung steht. Ferner sollen die Kinder lernen, Informationen zu bestimmten Sachverhalten selbstständig zu beschaffen, zum Beispiel aus der Klassenbücherei oder im Internet. Differenzierungen im Lernniveau bestehen innerhalb der Werkstattarbeit durch die Vielzahl von unterschiedlichen Aufgabentypen, die zu bewältigen sind.

Während der Werkstattarbeit tritt die Lehrperson in den Hintergrund, bleibt aber für die Organisation der Lernsituation verantwortlich.[23] Dadurch hat sie die Möglichkeit, die Kinder gezielt zu beobachten, beispielsweise bez. des Sozialverhaltens oder der Selbstständigkeit. Das Ende der Arbeitsphase kündigt sie ca. 2 Minuten vorher an. Dies kann durch ein akustisches Signal wie das Abspielen einer Spieluhr geschehen. Hierdurch sollen die Schülerinnen und Schüler Gelegenheit bekommen, eine angefangene Aufgabe in Ruhe zu beenden oder Mitschülerinnen und Mitschülern außerhalb des Klassenzimmers auf das Stundenende hinzuweisen. Ein abruptes Ende würde die Kinder in eine akute Stresssituation versetzen.

Am Ende der Unterrichtsstunde folgt die Schlusspräsentation. Diese ist für die Schülerinnen und Schüler ausgesprochen wichtig, damit sie eine positive Rückmeldung und evtl. Anregungen für die weitere Arbeit bekommen. Hierfür sollte die Form des Sitzkreises gewählt werden, um die Kinder zu sammeln und um allen eine gute Sicht auf das Unterrichtsgeschehen zu ermöglichen. Weiterhin sollen sich die Kinder darin üben, vor einer Gruppe zu sprechen und Ergebnisse verständlich zu formulieren bzw. zu präsentieren. Auch Fragen können in dieser Runde besprochen werden.

20 Vgl. Reichen, 1995, S. 61–85.
21 Vgl. Bauer, 1997, S. 33–34.
22 Vgl. Reichen, 1995, S. 74–76.
23 Vgl. Reichen, 1995, S. 80.

2.1 Unterrichtsziele

2.1.1 Allgemeines Ziel der Werkstatt

Die Schülerinnen und Schüler sollen auf spielerische, erfahrungsbildende und handlungsorientierte Weise Einblicke in die Lebensweise der Menschen zur Zeit des Mittelalters gewinnen, indem sie sich mit fächerübergreifenden Aufgaben aus den Bereichen „Aufbau der Burg“, „So lebten die Ritter“, „Im Kräutergarten und in der Küche“, „Zeitvertreib und Unterhaltung“ und „Das Leben außerhalb der Burg“ auseinandersetzen.

2.1.2 Prozessuale und soziale Ziele

Die Schülerinnen und Schüler sollen …

- Interesse an historischen Themen entwickeln.
- Verantwortung für ihr Lernen übernehmen, indem sie als „Experte“ für eine bestimmte Aufgabe verantwortlich sind.
- ihre Methodenkompetenz erweitern, indem sie ihre Überlegungen, Erfahrungen und Begründungen in einem Mittelalter-Portfolio notieren.
- soziale Kompetenzen, wie Kommunikations- und Kooperationsfähigkeit üben und erweitern, indem sie die Sozialform frei wählen, gegenseitig Rücksicht nehmen, den Beiträgen ihrer Mitschülerinnen und Mitschüler aufmerksam und angemessen zuhören.
- in ihrer Selbstständigkeit und Autonomie gefördert werden, indem sie eigenverantwortlich die Auswahl der Aufgaben bestimmen sowie diese bearbeiten, selbstständig Informationen beschaffen und auswerten.
- das sinnentnehmende Lesen trainieren, indem sie die Aufgabenstellungen und Informationstexte selbstständig erlesen.
- ein Gemeinschaftsgefühl in der Gruppe entwickeln, indem sie einen Beitrag zur „Sandburg“ und „Klassenburg“ leisten und sich gegenseitig helfen.

2.2 Integration in eine Unterrichtseinheit

Die Werkstatt sollte nicht für sich alleine stehen, sondern in eine Unterrichtseinheit eingebettet werden. Das Thema kann durch den Besuch einer Burg begleitet werden. Dort können die Kinder einen Eindruck über den Aufbau und das Leben auf einer Burg gewinnen. Sollte dies nicht möglich sein, sollte ein Film gezeigt werden.
Wie bereits erwähnt haben viele Kinder großes Interesse am Thema „Ritter und Burgen“. Aus diesem Grund besitzen sie häufig vielfältiges Material, welches gut in den Unterricht integriert werden kann. Lassen sie die Kinder Bücher, Verkleidungen, Fotos usw. mitbringen.

Die Materialien für die Bearbeitung der Lernangebote sollten nach Möglichkeit so gewählt werden, dass sie den Lebensumständen des Mittelalters weitgehend entsprechen. Das heißt: Kein Plastik, sondern Naturmaterialien benutzen.

Eine Unterrichtseinheit könnte wie folgt aussehen:

- Informationen und Fragen sammeln, auswerten, diskutieren sowie mitgebrachtes Material besprechen
- Reise in die Vergangenheit: Das Mittelalter zeitlich/geschichtlich an der Zeitleiste einordnen (s. S. 8)
- Besuch einer Burg oder Film zum Thema „Aufbau und Lage von Burgen“ (z. B. Löwenzahn)
- Einführung in den Werkstattunterricht, Einarbeitung der Experten
- Werkstattunterricht: Ritter, Burgen & Co.
- Präsentation der Arbeitsergebnisse sowie Gesamtreflexion
- Planung eines Mittelalterfestes (Ablauf, Organisation, Einladung, s. S. 102 ff.)
- Mittelalterfest: Wir kochen, spielen, singen, feiern wie die Menschen damals (evtl. mit Eltern)

3.1 Erläuterungen zur Zeitleiste und zur Durchführung

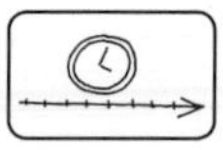

Die verschiedenen Epochen der Zeitgeschichte können den Kindern gut an einer Zeitleise verdeutlicht werden. Diese kann gemeinsam im Unterricht erarbeitet oder von der Lehrkraft vorbereitet werden.
Die Zeitleiste wird wie im Beispiel (s. S. 9) auf eine Tapetenrolle übertragen. Im Unterrichtsgespräch werden die Begriffe Antike, Mittelalter, Neuzeit eingeführt und die Karten mit den Namen dieser Epochen (s. S. 10) dazugeklebt. Dabei ist zu klären, was „vor Christus" und „nach Christus" bedeutet.
Im weiteren Verlauf werden die verschiedenen Erfindungen (s. S. 12) der Zeittafel zugeordnet. Wichtig dabei: Die Daten beziehen sich darauf, wann die Erfindungen in Europa bekannt wurden. Die Kinder sollen eine Vorstellung davon bekommen, welche Dinge die Menschen im Mittelalter bereits nutzen konnten und welche nicht.
Um die Kinder nicht zu überfordern, sollten Sie aus den vorgegebenen Beispielen einige exemplarisch für Ihre Lerngruppe auswählen.

Vorschläge zur Durchführung:
Material:
- Beispiel-Zeitleiste (S. 9)
- Karten mit den Namen der Epochen (S. 10)
- Karten mit Erfindungen/Personendaten (S. 11 ff.)

Zunächst werden die Namen der Epochen besprochen und die Karten an die richtige Stelle der Zeitleiste geklebt.

Die Kärtchen mit den einzelnen Erfindungen werden umgedreht in die Mitte des Sitzkreises gelegt. Ein Kind zieht ein Kärtchen und liest die Erfindung vor. Nun können die Mitschülerinnen und Mitschüler zunächst raten, ob es vor oder nach Christi Geburt erfunden wurde oder zu welcher Epoche es gehören könnte. So entstehen interessante Diskussionen und Gespräche. Zum Schluss wird aufgelöst und das Kärtchen an die richtige Stelle geklebt.
Interessanter und anschaulicher wird diese Übung, wenn Sie anstatt der Kärtchen die richtigen Gegenstände in die Kreismitte legen. So haben die Kinder den Gegenstand direkt vor Augen.

Natürlich können die Kinder auch eigene Kärtchen entwerfen. Anhand von Büchern, CD-ROM, Internet oder sonstigen Quellen erforschen sie die Daten selbst. Das macht den Kindern großen Spaß, schult den Umgang mit Quellen und weckt den Forschergeist.

Die Zeitleiste bleibt während der gesamten Unterrichtseinheit hängen und kann ergänzt oder verändert werden.

Beispiel-Zeitleiste

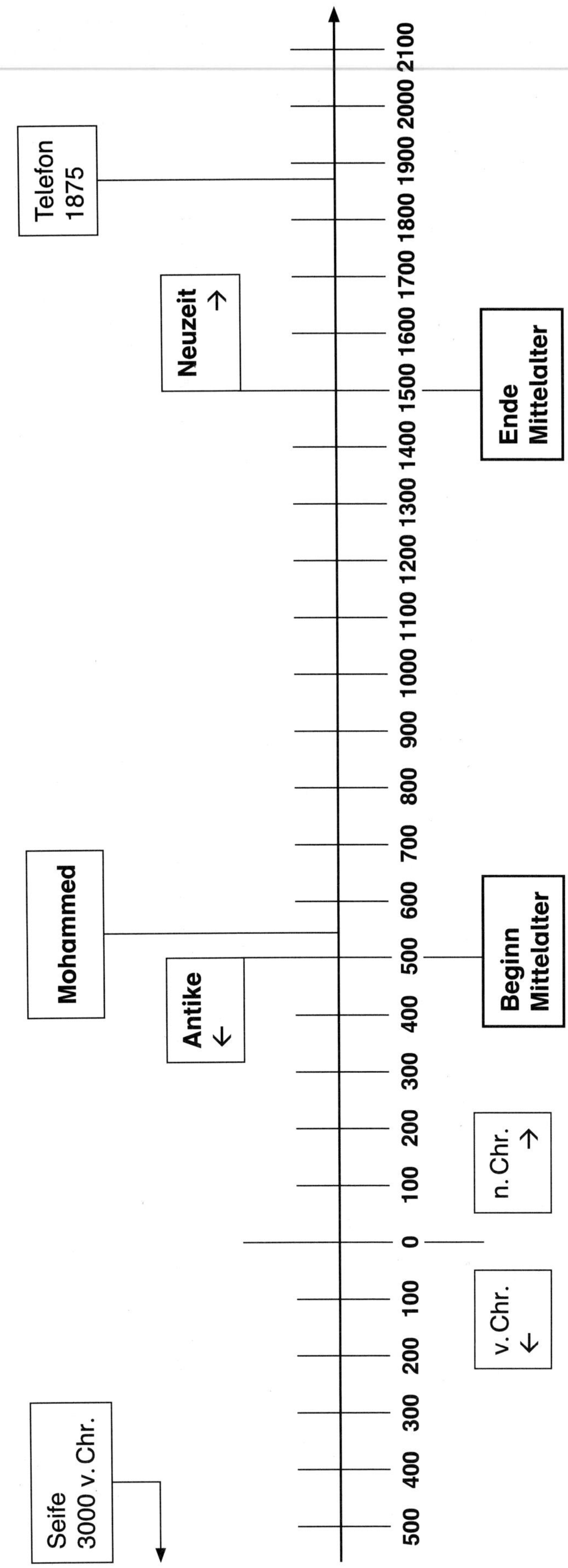

n. Chr.
nach Christi Geburt
↑

Neuzeit
ab 1500 n. Chr.
↑

v. Chr.
vor Christi Geburt
↓

Antike
bis 500 n. Chr.
↓

Geburt
Mohammed
(Begründer des Islams)

570 n. Chr.

Kolumbus
entdeckt Amerika

1492 n. Chr.

Geburt
Hildegard von Bingen

ca. 1098 n. Chr.

Geburt
Marco Polo

ca. 1254 n. Chr.

Geburt
Jeanne D'Arc

ca. 1412 n. Chr.

Geburt
Walther v. d. Vogelweide

ca. 1170 n. Chr.

Schlittschuhe 2000 v. Chr.	**Kühlschrank** 1929	**Telefon** 1876	**Brettspiele** 3000 v. Chr.	**Thermometer** 1592
Glühbirne 1893	**Alphabet** 800 v. Chr.	**Kompass** 1187	**Fahrrad** 1817	**Brille** 1280
Schere 500 v. Chr.	**Computer** 1941	**Klavier** 1709	**Fernsehen** 1928	**Auto** 1885
Rollschuhe 1760	**Batterie** 1800	**Teppich** 330 v. Chr.	**Gewehr** 1550	**Streichholz** 1826

4.1 Erklärungen zum Ablauf

Expertenkind
Jede Aufgabe wird von einem Expertenkind betreut. Das heißt, das Kind ist verantwortlich dafür, dass die Materialien ordentlich beisammen bleiben, kein Arbeitsblatt fehlt und die Aufgabe korrekt bearbeitet wird. Hat ein Schüler oder eine Schülerin eine Aufgabe beendet, so geht er oder sie zum zuständigen Expertenkind. Dieses kontrolliert, weist evtl. auf Fehler hin und unterschreibt, wenn alles richtig ist, auf dem Laufzettel.
Damit sich das Expertenkind gut mit seiner Aufgabe auskennt, bearbeitet es als Erstes seine Experten-Aufgabe. Die Lehrkraft kontrolliert und korrigiert gegebenenfalls. Das Expertenkind soll anschließend der Lehrkraft kurz erklären, wie die Aufgabe zu bearbeiten ist. Hat das Kind die Aufgabe verstanden, bekommt es von der Lehrkraft eine Unterschrift auf dem Laufzettel und ist von nun an verantwortlich für diese Station.

Laufzettel (s. S. 94)
Jedes Kind bekommt einen Laufzettel. So hat es einen Überblick darüber, welche Aufgaben es gibt, welche es bereits bearbeitet hat und welche noch ausstehen. Das Kind notiert auf dem Laufzettel, wenn es eine neue Aufgabe begonnen hat. Bei einigen Arbeiten muss zwischenzeitig eine Pause gemacht werden (z. B. Kräutersalz-Schatz, Schild herstellen). Während dieser Pause kann das Kind in Ruhe eine neue Aufgabe beginnen, aber vergisst nicht, die angefangene zu beenden. Die Kontrolle erfolgt durch das Expertenkind.

Auftragskarten und Kopiervorlagen/Arbeitsblätter
Die Werkstatt-Aufgaben bestehen jeweils aus zwei Teilen: der Auftragskarte und dem Arbeitsblatt.

Auftragskarte: Hier steht eine kurze Erklärung, worum es geht.
Sie wird nur einmal pro Aufgabe kopiert, evtl. auch laminiert und über den dazugehörigen Arbeitsblättern angebracht.

Kopiervorlagen/Arbeitsblätter: Erst nachdem sich das Kind die Auftragskarte durchgelesen hat, nimmt es sich das Arbeitsblatt und bearbeitet die Aufgabe.

Die fünf Arbeitsbereiche
Die Aufgaben der Werkstatt untergliedern sich in fünf Arbeitsbereiche: „Aufbau der Burg", „So lebten die Ritter", „Im Kräutergarten und in der Küche", „Zeitvertreib und Unterhaltung" sowie „Das Leben außerhalb der Burg". Die dazugehörigen Aufgaben sollten direkt nebeneinanderliegen. Die Piktogramme in der Kopfzeile der Arbeitskarten und Kopiervorlagen zeigen, was zu welchem Arbeitsbereich gehört. So sieht das Kind auf einen Blick, wo es die Aufgaben zum Arbeitsbereich „Das Leben außerhalb der Burg" findet.

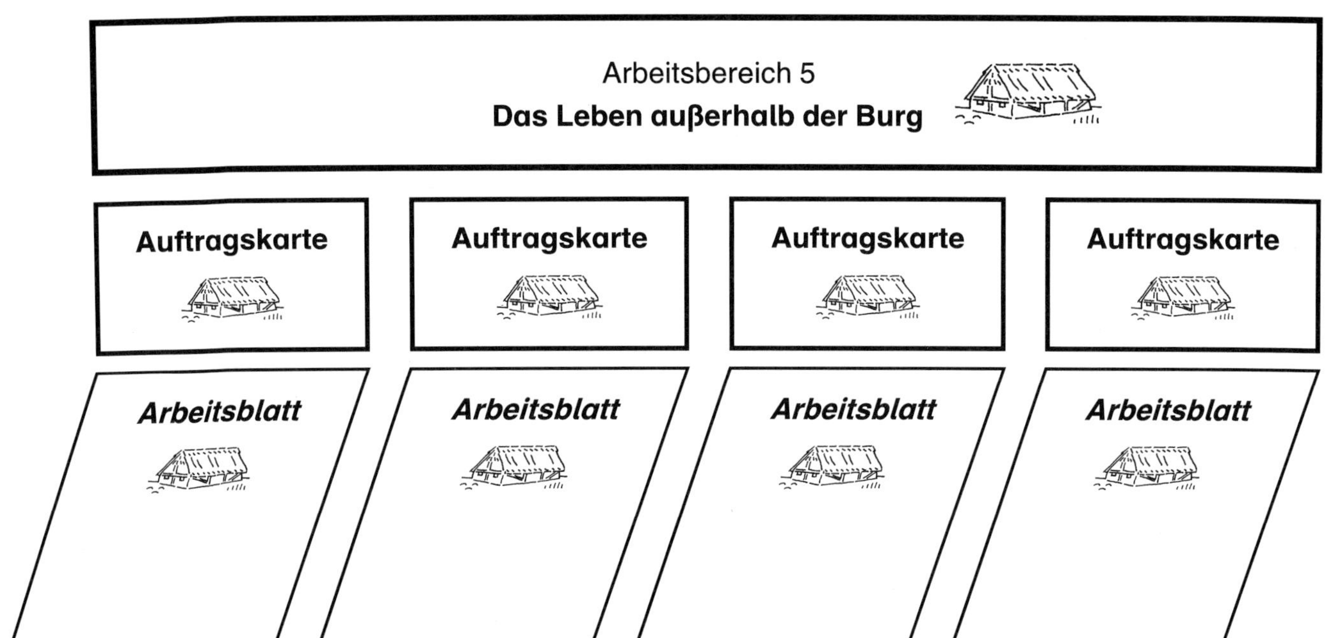

Lesepartner
Wenn es leseschwache Kinder in der Klasse gibt, können Lesepartner eingeführt werden. Das Kind bekommt einen festen Lesepartner zugeordnet, den es immer fragen kann, wenn es etwas nicht selbstständig erlesen kann.

Mittelalter-Portfolio
Jede Schülerin und jeder Schüler kann sich ein eigenes Mittelalter-Portfolio erstellen. Hier werden sämtliche Materialien wie Arbeitsblätter, Zusatzmaterial, Kopien, Fotos, Bilder, Aufzeichnungen des Themas gesammelt. Auch ein Deckblatt sollte gestaltet werden. Die Kinder können auch ein eigenes Layout und ein passendes Inhaltsverzeichnis entwerfen.

4.2 Vorschläge für den Unterrichtseinstieg in die Werkstattstunden

Vor der Werkstatt
Material:

– Arbeitsblätter (S. 17/18)

Bevor die Kinder mit den Angeboten der Werkstatt arbeiten, sollten ihnen grundlegende Informationen vermittelt werden, auf denen die Werkstattaufgaben weiter aufbauen. Dazu geeignet sind die Arbeitsblätter „Das Mittelalter“ und „Als Bauer geboren, als Bauer gestorben“ (S. 17/18).

Beginn der einzelnen Werkstattstunden
Die Werkstattstunden sollten immer mit einem Sitzkreis und einer gemeinsamen Aktion zum Thema (Massage, Spiel, Lied, Geschichte ...) beginnen, um die Kinder mental auf das Stundenthema einzustimmen. Der Sitzkreis unterstreicht das gemeinschaftliche Tun in der Gruppe.
Im weiteren Verlauf werden organisatorische und inhaltliche Probleme und Fragen geklärt, um auch den leistungsschwachen Schülerinnen und Schülern ein selbstständiges Arbeiten zu ermöglichen.

Einstieg mit einer Werkstatt-Aufgabe
Für den Stundeneinstieg kann eine einzelne Werkstatt-Aufgabe genauer betrachtet werden, z.B. wenn eine Aufgabe bisher kaum Beachtung fand, Fragen oder Probleme aufgetaucht sind. Das jeweilige Experten-Kind erklärt seine Aufgabe und beantwortet Fragen.
Auch einige Arbeitsergebnisse eignen sich gut für den Einstieg, wie eine selbst geschriebene Geschichte, das gemeinsame Betrachten der Klassenburg oder eine kleine Aufführung.

Setz dich ganz bequem auf deinen Stuhl und entspanne deine Muskeln.
Wenn du magst, schließe die Augen.

Morgendliche Stimmung in der Burg

	☞ Hände bewegungslos auf den Rücken legen
Es liegt noch Nebel über der Burg	☞ mit der flachen Hand über den Rücken streichen
Langsam geht die Sonne auf	☞ Hände streichen von unten nach oben
Die Bauern pflügen ihre Felder	☞ mit den Fingerspitzen über den Rücken fahren
Der Knappe holt die Pferde heraus	☞ mit allen Fingerspitzen klopfen
Die Magd knetet in der Küche das Brot	☞ kneten
Der Schmied schmiedet neue Hufeisen	☞ mit der Faust klopfen
Der Page kehrt den Stall	☞ mit den Finger streicheln
Die Sonne steigt höher und höher	☞ Hände streichen von unten nach oben
Sie wärmt die Menschen und die Tiere	☞ Handflächen aneinander reiben und auflegen
Schließlich steht die Sonne über der ganzen Burg	☞ den ganzen Rücken streicheln

Rückenmassage (s. S. 14)
Jeweils ein Kind sitzt verkehrtherum auf dem Stuhl, ein Kind steht dahinter. Die Lehrkraft liest den Text langsam vor und macht die entsprechenden Massage-Bewegungen vor. Wichtig ist, die Kinder darauf hinzuweisen, dass sie nicht auf die Wirbelsäule drücken dürfen.

Pantomime
Pantomime war auch zur Zeit der Ritter ein beliebtes Ratespiel. Ein oder zwei Kinder spielen eine mittelalterliche Situation vor, z. B. Ritter auf dem Turnier, Feuer anzünden, Rüstung anlegen, Bauer bei der Arbeit.
Sie dürfen dabei nicht reden oder Geräusche machen.

Setz oder leg dich ganz bequem hin, sodass du eine Weile ganz ruhig und bewegungslos zuhören kannst. Spanne kurz alle deine Muskeln an: deine Beine, deine Arme, deine Hände und das Gesicht. Halte alles ganz fest. Dann lass alle Muskeln locker. Wenn du magst, schließe deine Augen.

Stell dir nun vor, wie du hier ganz ruhig auf deinem Platz sitzt. In Gedanken stehst du auf und schleichst dich ganz leise aus dem Klassenzimmer. Auf Zehenspitzen schleichst du über den Schulflur nach draußen. Du öffnest leise die Schultür und gehst nach draußen. Vor der Schule siehst du ein seltsames Fahrzeug. Es könnte eine Zeitmaschine sein. Schau dir das Fahrzeug in Ruhe an. (Kurze Pause)
Du öffnest die Tür und steigst ein. Im Innenraum gibt es viele Hebel und Knöpfe. Du drückst auf einen Knopf. Plötzlich fühlst du dich ganz leicht, du hast das Gefühl zu fliegen. Du machst die Tür auf und steigst lieber wieder aus.
Doch was ist das? Anstatt der Schule steht dort eine Ritter-Burg! Du schleichst dich langsam zur Burg und suchst den Eingang. Auf dem Weg schaust du dir die großen Burgmauern, die Türme und den Burggraben genau an. (Kurze Pause)
Nun gehst du über die Zugbrücke weiter ins Innere der Burg. Was es da alles zu sehen gibt! Die Schmiede, den Brunnen, den Palas, die Kapelle, den Bergfried. Du gehst noch weiter in den Burghof hinein. Nun begegnest du auch ein paar Tieren und Menschen.
Du möchtest die Burg noch genauer erkunden. Vielleicht öffnest du eine Tür oder du unterhältst dich mit einem Bewohner? Was kannst du entdecken? (Etwas längere Pause)

Nun wird es Zeit, sich zu verabschieden. Langsam gehst du zurück zur Zugbrücke. Du lässt das Burgtor und den Burggraben hinter dir.
Du kommst zurück zur Zeitmaschine. Du steigst ein und drückst einen Knopf. Als du die Tür öffnest, kannst du deine Schule erkennen. Vorsichtig steigst du aus. Du schleichst zurück ins Klassenzimmer und setzt dich auf deinen Platz. Niemand hat bemerkt, dass du weg warst.
Komm jetzt langsam wieder ganz zurück und nimm deine schönen Erlebnisse mit. Rekle und streck dich am ganzen Körper. Mach den Mund weit auf und atme tief ein und aus, vielleicht musst du auch gähnen. Öffne langsam die Augen und komm ganz zurück in den Klassenraum.

Fantasiereise (s. o.)
Die Kinder setzen sich bequem auf ihren Stuhl. Falls viel Platz ist, können sie sich auch auf den Teppich legen. Die Fantasiereise wird langsam und mit ruhiger Stimme vorgetragen. Anschließend kann jedes Kind im Sitzkreis von seinen Erlebnissen erzählen.

Kim-Spiel
Für dieses Spiel sollten die Aufgaben Klassenburg oder Sandburg schon von einigen Kindern bearbeitet worden sein.
Die Kinder stellen sich um die jeweilige Burg und schauen diese genau an. Ein Kind dreht sich um, ein anderes entfernt einen Gegenstand. Nun muss das Kind erraten, was fehlt.
Differenzierung: Es werden zwei Gegenstände vertauscht oder ein Gegenstand wird umgestellt.

Der kaputte Ritterhelm
Die Kinder tun sich zu zweit zusammen. Ein Kind spielt den Ritter, das andere den Knappen. Der Ritter steckt in seiner schweren Rüstung. Er kann sich kaum bewegen und, oh weh, das Visier vom Helm klemmt! Er bekommt es nicht mehr auf und kann gar nichts sehen. Deshalb muss der Knappe ihn vorsichtig zum Schmied führen.
Dem Ritter werden die Augen verbunden. Der Knappe fasst den Ritter von hinten an den Schultern und führt ihn langsam kreuz und quer durch den Raum. Dabei gibt er leise Anweisungen, wie der Ritter gehen soll (vorwärts, rückwärts, seitwärts, links, rechts …). Die Knappen müssen gut aufpassen, dass die Ritter sich nicht berühren. Nach einer Weile können sie beim Schmied ankommen, die Rüstung wird repariert und Knappe und Ritter tauschen die Rollen.
Differenzierung: Der Knappe teilt die Anweisungen nicht verbal mit, sondern gibt vorher vereinbarte Zeichen (Druck auf linke Schulter = links, auf Rücken = rückwärts usw.).

Maus in der Burg
Die Kinder bilden einen engen Kreis (die Burg) und halten die Hände auf dem Rücken. Ein Kind (Magd oder Knecht) steht in der Kreismitte. Nun wird ein Stein (die Maus) von Hand zu Hand gereicht. Das Kind in der Mitte muss erraten, wo sich der Stein gerade befindet. Hat es die Maus gefangen, darf das nächste Kind in die Mitte.

Die Zugbrücke
Die Kinder bilden einen Kreis (die Burg) und fassen sich an den Händen. Ein Kind (Ritter) steht außerhalb der Burg und möchte gerne rein. Es fehlt ihm jedoch das Passwort, um Einlass zu bekommen.
Die Kinder, die die Burg bilden, denken sich eine Berührung auf einem Körperteil als Passwort aus (linkes Knie, rechte Schulter etc. berühren). Der Ritter außerhalb der Burg muss nun durch vorsichtiges Tasten das Passwort herausfinden. Hat er es geschafft, öffnet sich die Zugbrücke (die Hände gehen hoch) und er erhält Einlass.

Wer oder was bin ich?
Es werden Begriffe aus dem Mittelalter auf kleine Klebezettel geschrieben (Page, Knappe, Ritter, Turnier, Palas, Burgherrin, Brustpanzer …). Die Hälfte der Klasse bildet einen Sitzkreis. Die anderen bekommen jeweils einen Klebezettel auf die Stirn geklebt. Anschließend stellen sie sich vor ein sitzendes Kind. Nun soll das Kind durch Fragen herausbekommen, um welchen Begriff es sich handelt. Es darf aber nur Fragen stellen, die mit „nein“ oder „ja“ beantwortet werden können (z. B.: Bin ich eine Person? Bin ich ein Teil der Burg?).
Die Kinder dürfen jedes sitzende Kind nur einmal fragen. Wer seinen Begriff als Erstes errät, hat gewonnen. Man kann aber auch so lange spielen, bis alle ihren Begriff gefunden haben.
Differenzierung: Alle Kinder bekommen einen Klebezettel auf die Stirn. Dann wandern sie durch den Klassenraum und befragen sich gegenseitig. Es gilt aber auch hier die Regel, dass jedes Kind nur einmal befragt werden darf.

Das Mittelalter

1 Lies dir den Text durch. Unterstreiche, was du wichtig findest.

Der Begriff Mittelalter bezeichnet das Zeitalter zwischen der Antike und der Neuzeit. Die Antike endete nach dem Zerfall des Weströmischen Kaiserreiches um 500 n. Chr. Das Mittelalter begann. Die Entdeckung der „Neuen Welt“ (Amerika) durch *Christoph Kolumbus* im Jahre 1492 läutete das Ende des Mittelalters ein. Das Zeitalter Mittelalter dauerte also 1000 Jahre an: von 500 bis 1500 n. Christus.
Das Zeitalter nach dem Mittelalter wird Neuzeit genannt. Auch unsere Zeit, das 21. Jahrhundert, befindet sich im Zeitalter der Neuzeit.

2 Ergänze folgende Begriffe an der Zeitleiste.

Neuzeit Antike Mittelalter nach Christus vor Christus

3 Male die Jahrhunderte, die zum Mittelalter gehören, rot an.

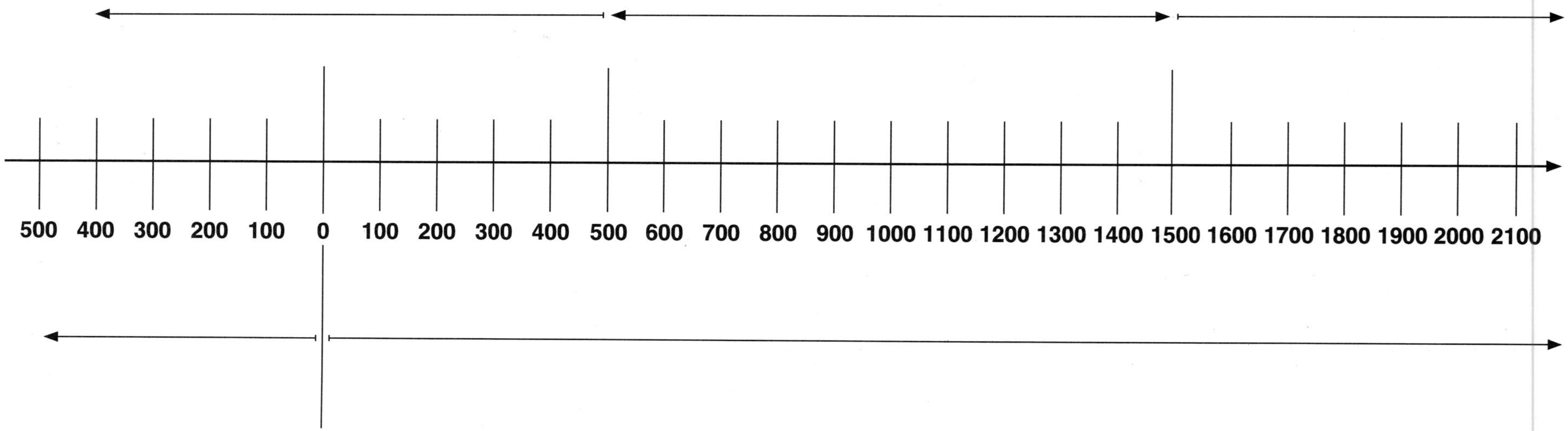

Als Bauer geboren, als Bauer gestorben

1 **Lies den Text gut durch und unterstreiche das Wichtigste.**

Im Mittelalter gab es eine genaue Standesordnung. Das bedeutet, dass jeder Mensch in einen bestimmten Stand hineingeboren wurde, zum Beispiel als Bauer, Ritter, Adliger oder König. Es gab keine Möglichkeit, den Stand zu wechseln. Ein Bauer blieb immer Bauer, auch wenn er noch so hart arbeitete.

Die Menschen glaubten, dass diese Ordnung von Gott gewollt war. Deshalb traute sich niemand, dagegen zu widersprechen.

Die Kirche und der König waren die Mächtigsten. Danach folgte der Adel, dann die Ritter. Zum Schluss kamen die Bauern. Ihnen unterstanden nur noch die Bettler und Spielleute.

Auch innerhalb einer Familie gab es eine festgelegte Rangfolge: Der Mann war das Oberhaupt der Familie und herrschte über seine Frau und die Kinder. Die Kinder mussten absolut gehorsam sein und durften nicht widersprechen.

2 **Schneide die Figuren aus uns klebe sie an die richtige Stelle.**

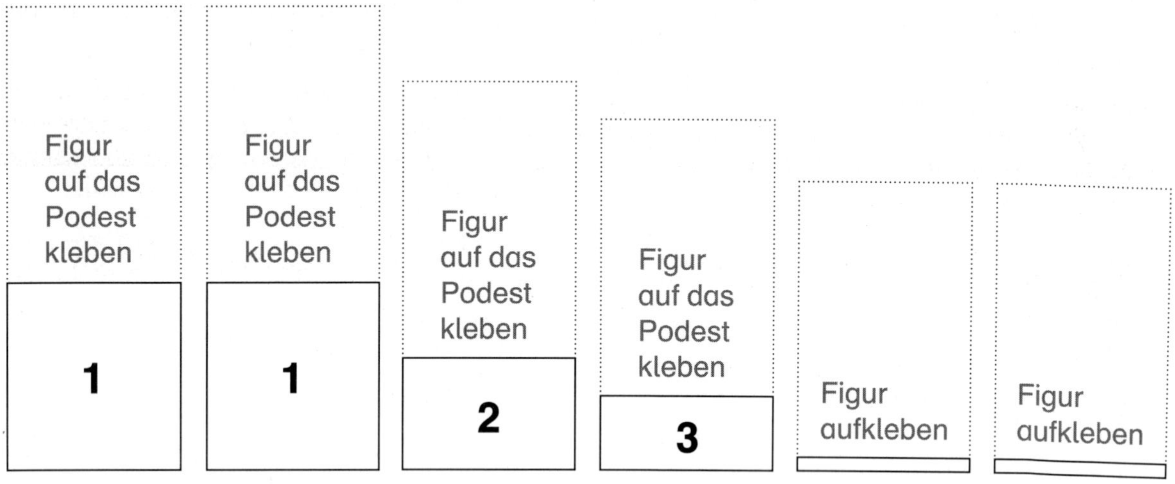

3 **Überlege: Gibt es diese Standes- und Familienordnung heute immer noch? Was hat sich verändert?**

____

____

____

4.3 Arbeitsbereich 1: Aufbau der Burg

Aufbau und Gebäude einer Burg

Material:
- Arbeitsblatt (S. 23)
- Klebezettel, Stift, Scheren
- Pappen in verschiedenen Größen, Stärken und Farben
- dickes Klebeband, Tacker, Kleber (zum Befestigen)

Vorbereitung: Bastelvorlagen herstellen

Die Schülerinnen und Schüler sollen die Burg als Wohnsitz und Verteidigungsanlage wahrnehmen, indem sie die verschiedenen Gebäude der Burg basteln und benennen.
Eine Bastelvorlage finden Sie im Internet unter: www.ritterburgen.de/dateien/burg.pdf.

Optional: Falls ein Kind eine große Ritterburg besitzt (z. B. aus Holz, Playmobil ...), kann diese als Grundmodell genommen werden. Die fehlenden Burgteile werden dann frei oder nach der Vorlage gebastelt. Spielfiguren ergänzen das Bild und die Klassenburg erwacht zum Leben.

Räume einer Burg

Material:
- Arbeitsblatt (S. 24) und Karteikarten (S. 25 ff.)
- Papier Größe DIN A3

Vorbereitung:
Karteikarten kopieren und ggf. laminieren

Die Schülerinnen und Schüler sollen die Funktionen der verschiedenen Räume kennenlernen, indem sie sich mit einem selbst gewählten Raum intensiv beschäftigen und ein Wandplakat entwerfen.

Die Burgmauer

Material:
- Arbeitsblatt 1 (S. 28)
- Arbeitsblatt 2 (S. 29)
- Klebeband und wasserfester Stift

Vorbereitung:
Markierung aufkleben, von der die Kinder starten. Selbst 10 Fuß abmessen und eine Markierung mit Namen anbringen.

Die Schülerinnen und Schüler sollen eine Vorstellung davon bekommen, wie dick Burgmauern sein konnten. Ferner sollen sie frühere Maßeinheiten kennenlernen und den Sinn der Einführung einer genormten Maßeinheit erkennen, indem sie individuell die Strecke 10 Fuß abmessen und Unterschiede feststellen.

Unsere Sandburg

Material:
- Modelliersand oder normaler Sand
- Unterlage
- evtl. Wasserglas zum Anfeuchten
- ggf. Eieruhr (für zeitliche Begrenzung)
- ggf. kleine Naturgegenstände (Steine, kleine Äste, Blätter, Federn ...), falls nicht die Möglichkeit besteht, dass die Kinder diese auf dem Schulhof suchen oder mitbringen.

Vorbereitung:
Zwei Tische zusammenschieben, Teppich und Tische mit Folie o. ä. abdecken. Wenn es die Gegebenheiten zulassen, kann die Sandburg auf dem Schulhof oder direkt im Sandkasten gebaut werden.

Die Schülerinnen und Schüler sollen ihre Fantasie und Kreativität schulen sowie einen Gemeinschaftssinn entwickeln, indem sie gemeinsam aus Modelliersand eine Burg bauen.

Lauras Traum vom Burgalltag

Material:
- Arbeitsblatt 1 (S. 30)
- Arbeitsblatt 2 (S. 31)
- Tippkarte (S. 32)
- Bastelvorlage Stabpuppen (S. 33)
- dicke Pappe und 5 Holzstäbe für die Stabpuppen
- ggf. großes Tuch, das über einen Tisch gelegt wird (für die Bühne)

Vorbereitung:
Tippkarte kopieren.
Die Stabpuppen basteln oder von den Kindern (Experten) herstellen lassen.

Die Schülerinnen und Schüler sollen den Alltag, die Pflichten und Aufgaben eines Menschen im Mittelalter kennenlernen, indem sie einen Informationstext bearbeiten.

Meine mittelalterliche Geschichte

Material:
- Schmuckblatt (S. 34)
- mindestens eine Spielfigur

Die Schülerinnen und Schüler sollen das freie und kreative Schreiben üben, indem sie selbstständig eine fantasievolle Geschichte erfinden.

Aufbau und Gebäude einer Burg

Gemeinsam wollen wir eine mittelalterliche Burg bauen.

Schau dir zunächst das Bild auf dem Arbeitsblatt genau an.
Überlege, welchen Gebäudeteil du basteln möchtest.

Eine Burg besteht aus Burggraben, Mauern, Bergfried, Kapelle, Schmiede, Turnierplatz, Zugbrücke, Brunnen …

Räume einer Burg

In einer großen Burg gab es unterschiedliche Räume und Gebäude: die Küche, die Kemenate, den Rittersaal und viele andere.

Finde heraus, wozu die Räume genutzt wurden.
Nimm dir die Karteikarten und ein DIN-A3-Blatt.

Gestalte ein Wandplakat von einem Raum deiner Wahl.

Die Burgmauer

Ein Burgherr erzählt: „Bei einer Belagerung kann uns nicht viel passieren. Unsere Burgmauern kann kein Feind durchbrechen, denn unsere Mauern sind **10 Fuß** breit. So sind wir gut vor feindlichen Angriffen geschützt.“

10 Fuß breit? Was bedeutet das?

Finde es heraus! Nimm dir dazu das Arbeitsblatt 1.

Versuche, die Rätselaufgabe von Arbeitsblatt 2 zu lösen.

Unsere Sandburg

Sicher hast du schon einmal eine Sandburg gebaut.

Mit dem Sand auf dem Tisch wollen wir gemeinsam eine große mittelalterliche Burg bauen.

Baue einen Teil der Burg.

Achte bitte darauf, dass andere Kinder an der Burg weiterbauen können!

Du kannst die Burg mit kleinen Naturgegenständen (Steine, Stöckchen, Blätter) verschönern.

Lauras Traum vom Burgalltag

Laura sitzt über den Hausaufgaben. Sie liest Texte über das Leben im Mittelalter. Ihre Gedanken schweifen ab. Sie beginnt zu träumen, dass sie einige Menschen aus der damaligen Zeit trifft und sich mit ihnen über ihr Leben und ihren Alltag unterhält.

Nimm dir die Arbeitsblätter 1 und 2 und lies die Texte genau durch.

Spiele Lauras Traum mithilfe der Stabpuppen nach.

Brauchst du eine Idee? Nimm dir die Tippkarte.

Meine mittelalterliche Geschichte

Sieh dir unsere Klassen- oder Sandburg an.

Nimm dir eine Figur und setze sie vor oder in die Burg.

Stelle dir vor, du wärst diese Figur.

Was würdest du …

- sehen?
- fühlen?
- riechen?
- hören?
- denken?

Schreibe deine Geschichte in der Ich-Form auf das Schmuckblatt.

Notiere zuerst einige Stichpunkte.

Aufbau und Gebäude einer Burg – Arbeitsblatt

1 Schau dir das Bild der Burg genau an.
Du kannst verschiedene Gebäude und Teile erkennen.

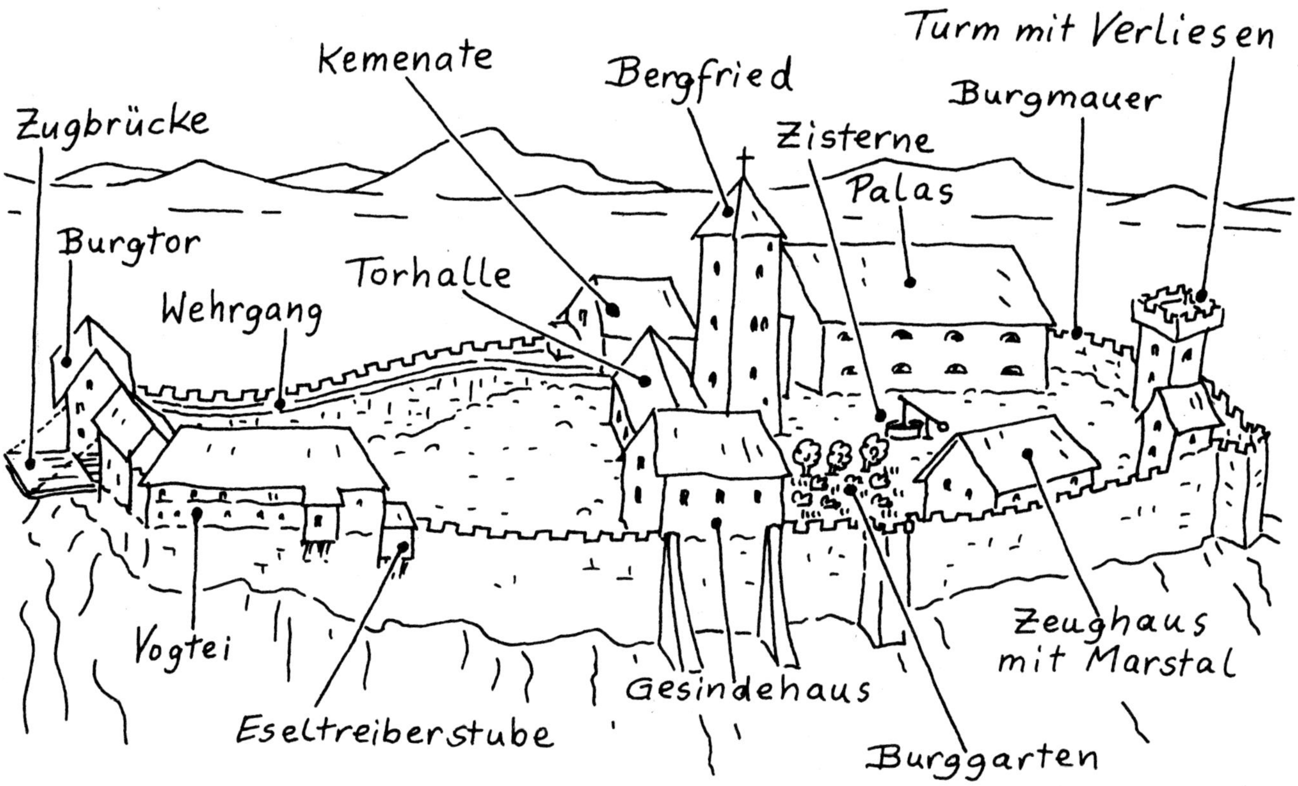

2 Wähle ein Gebäudeteil von der Vorlage oder denke dir etwas Eigenes aus.
Bastel den Gebäudeteil.

3 Beschrifte deinen Burgteil mit einem Klebezettel.

Eine Burg besteht aus Burggraben, Mauern, Bergfried, Kapelle, Schmiede, Turnierplatz, Zugbrücke, Brunnen ...

Räume einer Burg – Arbeitsblatt

1 **Nimm dir die Karteikarten.**
Suche dir einen Raum aus, der dich besonders interessiert.

2 **Lies dir die Karteikarte zwei- bis dreimal durch und notiere dir dabei das Wichtigste.**

Name des Raumes: ______________________________

____

____

____

____

____

____

____

____

____

3 **Sammle noch mehr Informationen über deinen Raum (Internet, CD-ROM, Mittelalter-Bücherei). Schreibe diese Informationen dazu.**

4 **Entwirf ein Wandplakat von deinem Raum:**
Schreibe und male alles auf ein DIN-A3-Plakat, was du wichtig findest.
Vergiss nicht die Überschrift!

5 **Frage deine Lehrerin, ob sie dir ein passendes Bild für dein Plakat kopiert.**

6 **Stelle dein Wandplakat im Abschlusskreis vor!**

Räume einer Burg – Karteikarte: Bergfried

Der Bergfried war der höchste und sicherste Turm der Burg. Wenn Gefahr drohte und die Burg belagert wurde, konnten sich die Bewohner dorthin zurückziehen. Deshalb lagerten sie große Mengen an Essensvorräten im Bergfried. Außerdem gab es einen Brunnenschacht für Wasser.

Der Eingang lag etwas erhöht, so dass er nur über eine Leiter erreicht werden konnte. Diese zogen die Bewohner bei Gefahr schnell hoch. Die Fenster waren ganz klein, damit niemand hindurch klettern konnte.

Räume einer Burg – Karteikarte: Kemenate

Die Kemenate war der einzige Raum der Burg, der beheizbar war. Dort gab es einen Kamin. Das Wort „Kamin“ kommt ursprünglich von Kemenate.

Die Kemenate war den Frauen, Adligen und Rittern vorbehalten. Die Familie des Burgherrn schlief auch in diesem Raum. Oft hatte die Familie nur *ein* großes Bett, in dem alle gemeinsam schliefen: Eltern und Kinder. Das war zwar eng, aber dafür schön warm. Da es im Winter bitterkalt wurde, gab es dicke Vorhänge am Bett, die sie nachts zuzogen. Außerdem konnte man das Bett mit einer Bettpfanne anwärmen.

Die Kleidung wurde nicht in Schränken, sondern in Truhen aufbewahrt.

Räume einer Burg – Karteikarte: Rittersaal

Der Rittersaal gehörte zum Palas. Mit Palas bezeichnet man das eigentliche Wohngebäude der Burgfamilie. Ein Raum davon war der große und prunkvolle Rittersaal. Hier wurden Versammlungen abgehalten oder auch kräftig gefeiert. Deshalb gab es einen langen, großen Holztisch mit vielen Stühlen. Diese waren mit kleinen Schnitzereien verziert. Die Wände des Rittersaals wurden mit vielen bunten Bildern oder Wandteppichen geschmückt. Der Burgherr wollte so zeigen, dass er reich und mächtig war.

Räume einer Burg – Karteikarte: Kapelle

Der Glaube an Gott spielte im Mittelalter eine große Rolle. Deshalb hatten viele Burgen eine eigene kleine **Kapelle.** Dort konnten Gottesdienste abgehalten werden. Zu Ehren Gottes wurde die Kapelle mit schönen biblischen Bildern verziert. Außerdem gab es bunte Glasfenster. Die Kapelle war der einzige Raum mit Glasfenstern, denn Glas war sehr, sehr teuer. Die übrigen Fenster der Burg blieben offen oder es wurden Tierhäute davor gespannt.

Die Gottesdienste wurden von einem Kaplan abgehalten. Er war oft der Einzige, der lesen und schreiben konnte. Deshalb war der Kaplan ein angesehener Mann. Oft unterrichtete er auch die Kinder des Burgherrn.

Räume einer Burg – Karteikarte: Burgküche

In der **Burgküche** wurde über dem offenen Feuer gekocht. Über dem Feuer hingen Töpfe an einem Topfhaken. So konnte die Köchin die Kochtemperatur beeinflussen und die feinsten Speisen zaubern. Die Arbeit in der Küche war aber sehr anstrengend und beschwerlich. Gewürzt wurde mit Küchenkräutern. Salz und orientalische Gewürze wie Curry gab es nur selten und wenn, dann waren sie sehr teuer. Zum Kochen wurden Dinge benutzt, die wir heute auch kennen, z. B. Rührstäbe, Messer in verschiedenen Größen, Suppenkellen, Spießgabeln, Mörser … Normale Gabeln gab es noch nicht. Deshalb aßen die Menschen einfach mit den Händen.

Räume einer Burg – Karteikarte: Schmiede

In der **Schmiede** war es immer sehr heiß, da den ganzen Tag das Schmiedefeuer brannte. Mithilfe von Hammer und Amboss formte der Schmied das heiße Eisen zu vielen nützlichen Dingen. Er stellte zum Beispiel die Küchengeräte her, Waffen und Pfeilspitzen, Töpfe, Messer, Hufeisen und natürlich auch die Ritterrüstungen. Der Beruf war sehr anstrengend, aber überaus wichtig, denn die Menschen konnten nicht einfach in ein Geschäft gehen, wenn sie einen neuen Topf brauchten. Den musste der Schmied erst mühevoll herstellen.

Die Burgmauer – Arbeitsblatt 1

Maßeinheiten im Mittelalter

Im Mittelalter gab es keine einheitlichen Messwerkzeuge wie Zollstock oder Lineal. Die Menschen wussten nicht, wie lang ein Meter oder ein Zentimeter waren. Diese Einheiten waren noch nicht erfunden. Erst später, im 18. Jahrhundert, wurden Messgeräte wie das Metermaßband eingeführt.

Die Menschen im Mittelalter mussten sich anders helfen. Wenn sie etwas messen wollten, benutzten sie ihren eigenen Körper.

Etwas konnte so lang sein wie eine Fingerspanne

oder wie ein Fuß

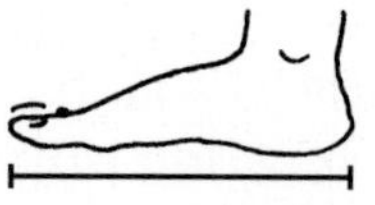

oder wie eine Handspanne

oder wie ein großer Schritt.

1 **Finde heraus, wie breit die Burgmauern waren.**
Stelle dich an der markierten Linie auf.
Miss aus, wie lang eine Stecke von „10 Fuß" ist.

2 **Mache mit dem Klebeband eine Markierung auf den Boden.**
Schreibe deinen Namen auf die Markierung.
Jetzt kannst du sehen, wie dick Burgmauern sein konnten.

3 **Vergleiche deine Markierung mit denen deiner Mitschülerinnen und Mitschüler.**
Was fällt dir auf?

____

4 **Erkläre.**

____

____

5 **Warum wurden die Einheiten Meter und Zentimeter eingeführt?**

____

____

Rätselaufgabe für Experten

Ein Burgherr wollte gerne ein neues Bett haben. Deshalb ging er zum Schreinermeister. Der Schreiner sagte: „Bitte legen Sie sich kurz hin, damit ich messen kann, wie lang das Bett werden muss." Der Burgherr legte sich hin. Der Schreiner maß sehr genau: „Fünf Ellen sind Sie groß. Dann weiß ich nun, dass das Bett fünf Ellen lang sein muss." Der Burgherr ging zufrieden nach Hause.

Nach ein paar Tagen brachte der Schreiner zusammen mit seinem Sohn das Bett. Sofort legte sich der Burgherr hinein, aber was war das? Das Bett war viel zu kurz! Die Füße guckten über die Bettkante hinaus! Der Schreiner war sehr verwundert und sagte: „Mein Herr, das Bett ist genau fünf Ellen lang. Bitte fragen Sie meinen Sohn. Er hat das Bett gebaut."

Der Burgherr guckte den Sohn genau an.

Plötzlich wusste er, warum das Bett zu kurz war.

1 **Was war dem Burgherrn aufgefallen?**
Lies dir die Geschichte noch mal gut durch und schau dir das Bild an.
Schreibe deine Lösung auf.

1 **Dies sind die Texte, die Laura als Hausaufgabe lesen soll.**
Lies die Texte gut durch und unterstreiche, was du wichtig findest.

Der Burgherr

Der Burgherr herrschte streng über seine Burg und sein Land. Wer seinen Anweisungen nicht Folge leistete, wurde hart bestraft. Die Bauern, die auf seinem Land arbeiteten, mussten ihm einen Teil der Ernte oder Tiere abgeben. Dafür erhielten sie Schutz, falls Räuber oder Feinde angriffen.

Mit seiner Familie wohnte der Burgherr im Palas, dem Hauptgebäude der Burg. Er kümmerte sich um seine Ritter, veranstaltete in Friedenszeiten Turniere oder eine Jagd. In Kriegszeiten oder wenn die Burg belagert wurde, mussten seine Ritter für ihn kämpfen und die Burg verteidigen.

Der Burgherr konnte meistens nicht gut lesen, schreiben und rechnen. Für ihn war es wichtiger, dass er gut mit Waffen umgehen und die Burg verteidigen konnte.

Die Burgherrin

Die Burgherrin war die Ehefrau des Burgherrn. Ihr Wohn- und Arbeitsbereich war die Kemenate. Das Wort Kemenate kommt von Kamin, denn die Kemenate war der einzig beheizbare Raum.

Die Burgherrin war für die Kinder, Pagen und Dienstboten verantwortlich. Unter ihrer Anleitung wurden die täglichen Mahlzeiten zubereitet oder Kleidung genäht. Dies war eine sehr harte Arbeit. Den Knaben und Mädchen brachte sie gutes Benehmen bei.

War der Burgherr nicht auf der Burg, übernahm die Burgherrin die Verantwortung für die gesamte Burg. Notfalls musste sie die Burg auch mithilfe der Ritter verteidigen.

Die Burgherrin beherrschte oft die Kunst des Lesens, Schreibens und Rechnens.

Der Ritter

Wenn man bei der Ausbildung zum Ritter seinem Herrn treu gedient hatte, wurde man mit 21 Jahren zum Ritter geschlagen. In Friedenszeiten lebten viele Ritter auf der Burg eines Burgherrn. Dafür mussten sie in Kriegszeiten für den Burgherrn kämpfen. Falls die Burg belagert wurde, mussten die Ritter die Burg verteidigen.

Es gab reiche und arme Ritter. Die reichen Ritter besaßen viel Land, auf dem Bauern arbeiteten und wohnten. Dafür mussten die Bauern Geld bezahlen oder einen Teil der Ernte abgeben. Ohne ihre Bauern hätten die Ritter ihr Leben nicht finanzieren können, das heißt, die Ritter wären verarmt.

Lauras Traum vom Burgalltag – Arbeitsblatt 2

Die Magd und der Knecht (Gesinde)

Die Mägde und Knechte waren die Dienstboten des Burgherrn und seiner Familie. Sie wohnten im Gesindehaus der Burg. Unter Anleitung der Burgherrin mussten Mägde Stoffe weben, putzen, kochen, die Kinder versorgen und Gäste bewirten. Die Knechte mussten den Stall und Hof in Ordnung halten. Die Arbeit war äußerst hart und schwer. Im Winter wurde es im Gesindehaus sehr kalt, da es nicht beheizt werden konnte.

Das Gesinde konnte weder lesen, noch schreiben oder rechnen.

Der Bauer

Die Bauern lebten nicht auf der Burg. Sie wohnten mit ihrer Familie in einfachen Hütten. Das Land, auf dem sie wohnten und arbeiteten, gehörte einem Burgherrn oder Ritter. Obwohl die Bauern sehr arm waren, mussten sie ihrem Herrn einen Teil der Ernte und einige Tiere abgeben. Dafür bot ihnen ihr Herr Schutz vor Räuberbanden. Viele Bauern waren „Leibeigene" des Burgherrn oder Ritters. Ihr Leib (Körper) und ihr Leben gehörten dem Herrn, auf dessen Feldern sie arbeiteten. Ohne die Erlaubnis des Herrn durften die Bauern zum Beispiel nicht heiraten oder ihr Gebiet verlassen. Wenn sie sich dagegen wehrten, wurden sie hart bestraft, vielleicht sogar getötet.

1 **Suche dir eine Stabpuppe aus (Burgherr, Burgherrin, Ritter, Knecht, Magd, Bauer). Lies den Text über deine Person noch einmal gut durch.**

2 **Schreibe alleine oder mit einem Partner ein Gespräch zwischen Laura und der mittelalterlichen Person auf. Laura soll sich mit der Person über ihr Leben und ihren Alltag unterhalten.**
Denke an wörtliche Rede!

Brauchst du eine Idee? Nimm dir eine Tippkarte.

Lauras Traum vom Burgalltag – Tippkarte

Laura könnte die Person fragen, …

wie sie **heißt.**
wo sie **wohnt.**
welche **Aufgaben** sie erledigen muss.
was die Person **arbeitet.**
wie ihr **Tagesablauf** aussieht.
ob es ihr **gut oder schlecht** geht.

Laura könnte die Person fragen, …

wie sie **heißt.**
wo sie **wohnt.**
welche **Aufgaben** sie erledigen muss.
was die Person **arbeitet.**
wie ihr **Tagesablauf** aussieht.
ob es ihr **gut oder schlecht** geht.

Laura könnte die Person fragen, …

wie sie **heißt.**
wo sie **wohnt.**
welche **Aufgaben** sie erledigen muss.
was die Person **arbeitet.**
wie ihr **Tagesablauf** aussieht.
ob es ihr **gut oder schlecht** geht.

Laura könnte die Person fragen, …

wie sie **heißt.**
wo sie **wohnt.**
welche **Aufgaben** sie erledigen muss.
was die Person **arbeitet.**
wie ihr **Tagesablauf** aussieht.
ob es ihr **gut oder schlecht** geht.

Lauras Traum vom Burgalltag – Bastelvorlage Stabpuppen

Anleitung:
Die Vorlagen auf DIN A4 vergrößern und auf dicke Pappe kleben. Die einzelnen Personen ausschneiden und anmalen. Auf der Rückseite mit Klebeband einen Holzstab anbringen. Die Stabpuppen können auch von den Kindern gebastelt werden.

Burgherr

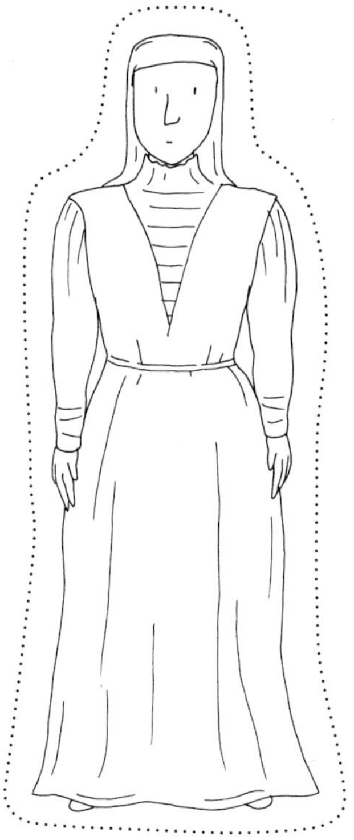
Burgherrin

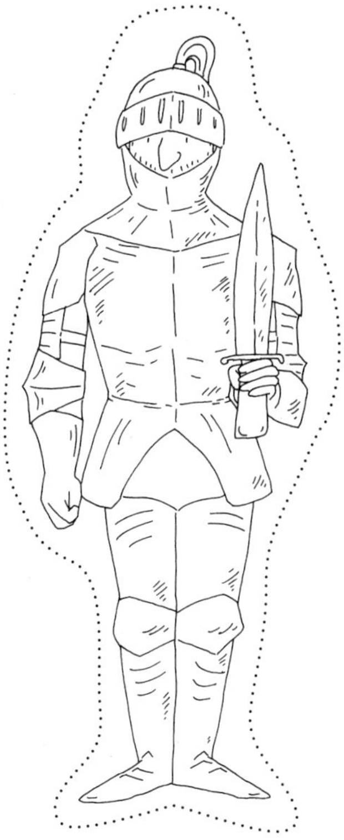
Ritter

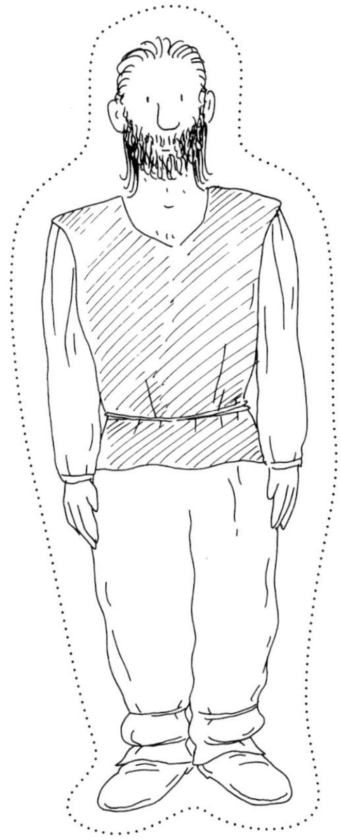
Knecht

Magd

Bauer

Meine mittelalterliche Geschichte – Schmuckblatt

Stichpunkte:

Meine Geschichte: ____________________

4.4 Arbeitsbereich 2: So lebten die Ritter

Ausbildung zum Ritter

Material:

- Arbeitsblätter 1 und 2 (S. 39/40)

Die Schülerinnen und Schüler sollen das Rittertum als spezifische Lebensform des Mittelalters kennenlernen, indem sie sich mit dem Ausbildungsweg zum Ritter auseinandersetzen und diesen mit ihrer heutigen Lebensweise vergleichen.

Die Tugenden der Ritter

Material:

- Arbeitsblatt (S. 41)
- ggf. mittelalterliche Verkleidung

Die Schülerinnen und Schüler sollen ritterliche Tugenden und Idealvorstellungen kennenlernen, indem sie einzelne Tugenden der Ritter in einem Rollenspiel darstellen.

Die Bedeutung von Wappen

Material:

- Arbeitsblatt (S. 42)
- Tippkarte (S. 43)

Die Schülerinnen und Schüler sollen den Sinn und Zweck eines Wappens verinnerlichen, indem sie ein individuelles Wappen entwerfen.

Einen Schild herstellen

Material:

- Bastelanleitung (S. 44)
- Schablone (S. 45)
- dicke Pappe
- Schere, Stift
- dicke Schnur
- Deckfarben, Pinsel, Wasserglas, Unterlage

Vorbereitung:
Schablone herstellen, ggf. einen Beispiel-Schild herstellen.

Die Schülerinnen und Schüler sollen den Schild als einen wichtigen Bestandteil der Ritterrüstung kennenlernen, indem sie einen Schild herstellen und ihr Wappen auf den Schild übertragen. Weiterhin sollen sie selbstständig eine Bastelanleitung erlesen und diese umsetzen.

Die Ritterrüstung

Material:

- Infoblatt (S. 46)
- Arbeitsblatt (S. 47)
- ein 10-Liter-Eimer mit Wasser
- Ritterhelm mit Visier
- Handschuhe
- großer Stuhl
- schwerer Ranzen/Rucksack
- zwei Leinenbeutel mit schweren Büchern
- ggf. weitere Ritterutensilien wie Brustpanzer, Plastikschwert

Vorbereitung:
Oft besitzen Kinder Ritterhelme vom Fasching. Falls niemand einen Helm mitbringen kann, finden Sie eine Bastelanleitung bei den Kopiervorlagen (S. 48).

Die Schülerinnen und Schüler sollen Vor- und Nachteile einer Ritterrüstung erkennen, indem sie sich spielerisch in die Lage eines Ritters versetzen.

Jeanne d'Arc

Material:

- Arbeitsblatt (S. 49)

Die Schülerinnen und Schüler sollen Rollenklischees kritisch überdenken, indem sie sich beispielhaft mit dem Leben von *Jeanne d'Arc* auseinandersetzen.

Ausbildung zum Ritter

Wie wurde man eigentlich zum Ritter?
Konnte jeder Mensch Ritter werden?
Was musste man können und lernen, um Ritter zu werden?

Beantworte diese Fragen mithilfe des Arbeitsblattes 1.

Vergleiche dein Leben mit dem eines Pagen/Knappen.
Trage deine Überlegungen in die Tabelle des Arbeitsblattes 2 ein.

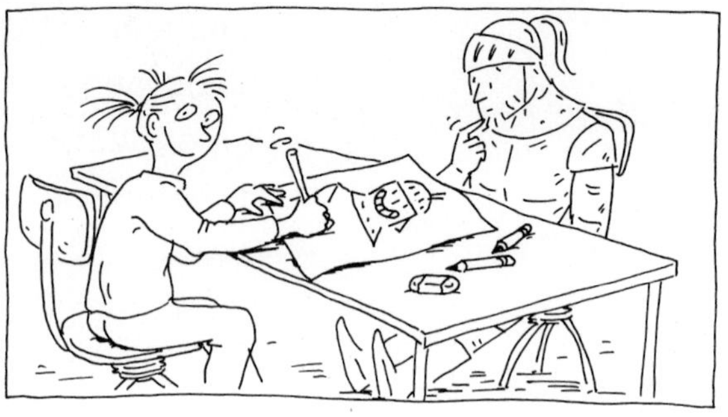

Die Tugenden der Ritter

Ein Ritter war nicht nur ein Kämpfer, der in den Krieg zog. Er sollte auch ein edles und gesittetes Verhalten zeigen. Die ritterlichen Benimm-Regeln lernte der Ritter während seiner Ausbildungszeit. Sein vorbildliches Verhalten und gutes Benehmen bezeichnet man als die ritterlichen Tugenden.

Finde heraus, welche ritterlichen Tugenden es gab. (Arbeitsblatt)

Denke dir Verhaltensregeln für die heutige Zeit aus. (Arbeitsblatt)

Die Bedeutung von Wappen

Das Wappen gab mit Farben und Symbolen Auskunft über die Herkunft des Ritters: der Löwe bedeutete Mut und Stärke, der Adler stand für Schnelligkeit, der Schwan für Schönheit, Bär und Wildschwein sollten Kraft ausdrücken.
Andere Wappen standen für den Namen der Familie, zum Beispiel drei Rosen für die Familie Rose.

Entwirf auf dem Arbeitsblatt ein Wappen, das zu dir passt.

Brauchst du eine Idee? Nimm dir die Tippkarte.

Einen Schild herstellen

! Bevor du diese Aufgabe anfängst, musst du erst die Aufgabe „Die Bedeutung von Wappen“ bearbeiten.

Den Schild benötigte der Ritter zum Schutz und zur Abwehr. In der Rüstung sahen die Ritter alle sehr ähnlich aus. Deshalb befand sich auf dem Schild das Familienwappen des Ritters. So wusste jeder, wer Freund und wer Feind war.

Bastle dir einen Schild. (Bastelanleitung, Schablone)
Übertrage dein Wappen auf deinen Schild.

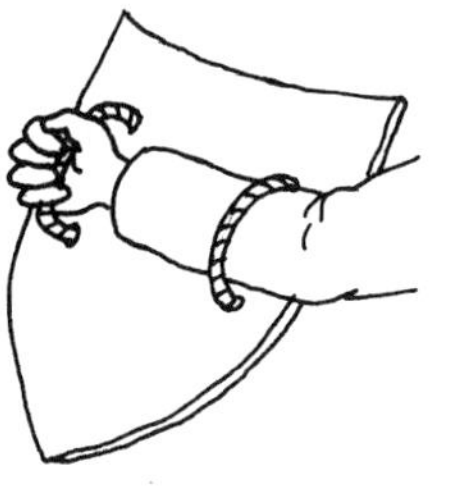

Zum Basteln benötigst du:

- Bastelvorlage
- Dicke Pappe
- Schere, Stift
- Schnur

Zum Bemalen benötigst du:

- Pinsel
- Deckfarbenkasten
- Wasserglas
- Unterlage

Die Ritterrüstung

Eine Ritterrüstung war im Kampf ein guter Schutz.
Aber konnte man sich in einer Rüstung überhaupt bewegen?

Informiere dich über die Bestandteile einer Ritterrüstung. (Infoblatt)

Finde heraus, wie sich ein Ritter in einer Rüstung gefühlt haben könnte. (Arbeitsblatt)

Jeanne d'Arc

Im Mittelalter durften nur Jungen Ritter werden. Auch wenn Mädchen noch so gerne Ritter oder wenigstens Page oder Knappe werden wollte, durften sie es nicht.
Es gab aber trotzdem einzelne Mädchen, die sich gegen diese strengen Regeln auflehnten.
Eine von ihnen war *Johanna von Orleans.* Orleans ist ein Ort in Frankreich.
Auf Französisch wird ihr Name *Jeanne d'Arc* (sprich: Schjon Dark) ausgesprochen.

Finde heraus, über was sich *Jeanne d'Arc* hinwegsetzte und warum sie es tat. (Arbeitsblatt)

Ausbildung zum Ritter – Arbeitsblatt 1

1 **Lies den Text und unterstreiche, was du wichtig findest.**

Im Mittelalter konnten die Kinder nicht selbst entscheiden, ob sie Ritter werden wollten.

Voraussetzung war, dass das Kind ein Junge und der Vater ebenfalls Ritter war. Mädchen und die Kinder der Bauern durften nicht Ritter werden.

Mit 7 Jahren wurde der Sohn eines Ritters von seiner Familie getrennt und auf die Burg eines anderen Ritters geschickt. Dort begann er eine Ausbildung zum **Pagen.**

Er musste in der Küche helfen, beim Essen bedienen oder den Stall ausmisten. Außerdem lehrte ihn die Burgherrin höfisches Benehmen. Dazu gehörten das Erlernen der Benimmregeln beim Essen, aber auch Schach spielen, musizieren, tanzen oder französisch sprechen.

Mit 14 Jahren wurde der Junge ein **Knappe.** Er durfte nun seinen Herrn auf die Jagd und zu Turnieren begleiten. Er half dem Ritter in die Rüstung, trug seinen Helm oder sattelte sein Pferd. Auch das Putzen der Rüstung und der Waffen gehörte dazu. Der Knappe erlernte das Kämpfen mit verschiedenen Waffen, reiten, schwimmen, klettern und ritterliche Verhaltensweisen. Mit Schreiben und Lesen brauchte er sich nicht zu befassen.

Wenn der Knappe seinem Herrn gehorsam und treu war, wurde er mit 21 Jahren zum **Ritter** ernannt. Bei einer feierlichen Zeremonie wurden ihm Helm, Schwert und Brustpanzer überreicht. Er schwor, die ritterlichen Tugenden stets einzuhalten.

2 **Beantworte die folgenden Fragen mithilfe des Textes.**

- Wie wurde man zum Ritter?
- Konnte jeder Mensch Ritter werden?
- Was musste man können und lernen, um Ritter zu werden?

Ausbildung zum Ritter – Arbeitsblatt 2

1 **Vergleiche dein heutiges Leben mit dem des Pagen/Knappen. Trage deine Überlegungen in die Tabelle ein. Denke dir eigene Fragen aus und trage sie in die Tabelle ein.**

	dein Leben	**das Leben des Pagen/Knappen**
Welche Aufgaben und Pflichten hast du?		
Was musst du lernen?		
Wo wirst du unterrichtet?		

Die Tugenden der Ritter – Arbeitsblatt

Wenn der Knappe mit 21 Jahren zum Ritter geschlagen wurde, musste er schwören, dass er die ritterlichen Verhaltensregeln immer einhalten würde. Diese ritterlichen Regeln nennt man die ritterlichen Tugenden. Auch heute noch ist es ein Kompliment, wenn das Verhalten eines Menschen als „ritterlich" bezeichnet wird.

Der Schwur des Ritters könnte sich damals so angehört haben:

Ich schwöre Treue, Gehorsam und Respekt gegenüber meinem Herrn.
Ich schwöre Tapferkeit und Mut im Kampf.
Ich schwöre, beim Kampf keine unbewaffneten Gegner zu töten.

Ich schwöre, die Waisen, Witwen und Armen zu verteidigen und zu schützen.
Ich schwöre, zur Kirche zu gehen und die Gebote einzuhalten.
Ich schwöre, alle Menschen, die nicht an die Kirche glauben, zu bekämpfen.

Ich schwöre, gegenüber Damen höfliches Benehmen zu zeigen.
Ich schwöre, hilfsbereit und großzügig zu sein.
Ich schwöre, mich immer an mein Wort zu halten.

1 **Suche dir einen Partner.**
Denkt euch eine Situation für ein Rollenspiel aus, in der ihr eine der Tugenden verdeutlicht.
Spielt euer Rollenspiel vor.

2 **Denkt euch Verhaltensregeln für die heutige Zeit aus.**
Die Regeln sollen wichtig für ein gutes Zusammenleben der Menschen sein.
Schreibt diese Regeln auf und stellt sie vor.

Diese Verhaltensregeln finden wir für das Zusammenleben der Menschen wichtig:

____

____

____

____

____

Die Bedeutung von Wappen – Arbeitsblatt

1 **Entwirf ein Wappen für dich. Versuche dabei etwas von deinem Namen, deinem Wohnort oder etwas, was für dich typisch ist, zu verwenden.**

Brauchst du eine Idee? Nimm dir die Tippkarte!

Finde das Wappen deiner Stadt heraus. Wie sieht es aus? Male auf.

Die Bedeutung von Wappen – Tippkarte

Die Beantwortung folgender Fragen kann dir helfen:

Kommt in deinem **Nachnamen** ein **Gegenstand, Beruf** oder ein **Tier** vor?

Kennst du die Bedeutung deines Vornamens?

Was **magst du** besonders gerne?

Was ist dein Lieblingshobby?

Was **isst du** besonders gerne?

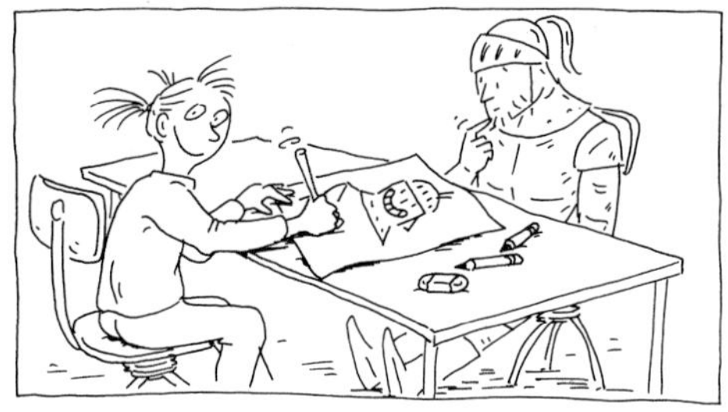

Die Beantwortung folgender Fragen kann dir helfen:

Kommt in deinem **Nachnamen** ein **Gegenstand, Beruf** oder ein **Tier** vor?

Kennst du die Bedeutung deines Vornamens?

Was **magst du** besonders gerne?

Was ist dein Lieblingshobby?

Was **isst du** besonders gerne?

Die Beantwortung folgender Fragen kann dir helfen:

Kommt in deinem **Nachnamen** ein **Gegenstand, Beruf** oder ein **Tier** vor?

Kennst du die Bedeutung deines Vornamens?

Was **magst du** besonders gerne?

Was ist dein Lieblingshobby?

Was **isst du** besonders gerne?

Die Beantwortung folgender Fragen kann dir helfen:

Kommt in deinem **Nachnamen** ein **Gegenstand, Beruf** oder ein **Tier** vor?

Kennst du die Bedeutung deines Vornamens?

Was **magst du** besonders gerne?

Was ist dein Lieblingshobby?

Was **isst du** besonders gerne?

Einen Schild herstellen – Bastelanleitung

Lege die Schablone auf eine dicke Pappe.
Umfahre die Schablone mit einem Bleistift.
Zeichne auch die vier kleinen Kreise nach.
Schneide deinen Schild sorgfältig aus.
Nun kannst du dein Wappen aufmalen.

Warte, bis die Farbe getrocknet ist.

Bohre vorsichtig mit der Schere Löcher in die kleinen Kreise.
Ziehe die Schnur von hinten nach vorne durch ein Loch.

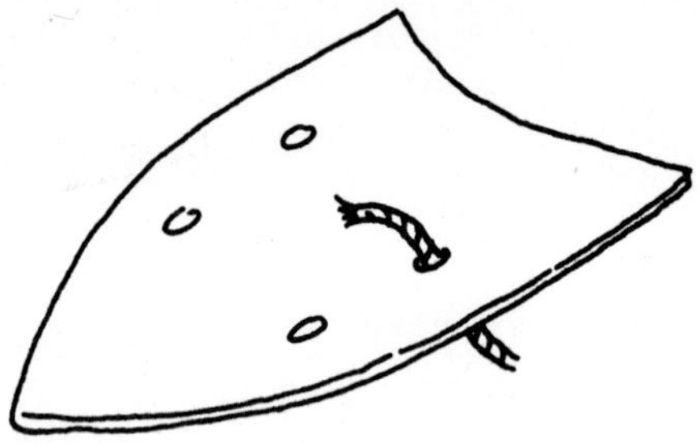

Mache einen Doppelknoten in das vordere Ende der Schnur.
Stecke das andere Ende der Schnur durch das gegenüberliegende Loch.
Hinter dem Schild soll eine Schlaufe entstehen. Diese muss so groß sein, dass dein Arm hindurchpasst.

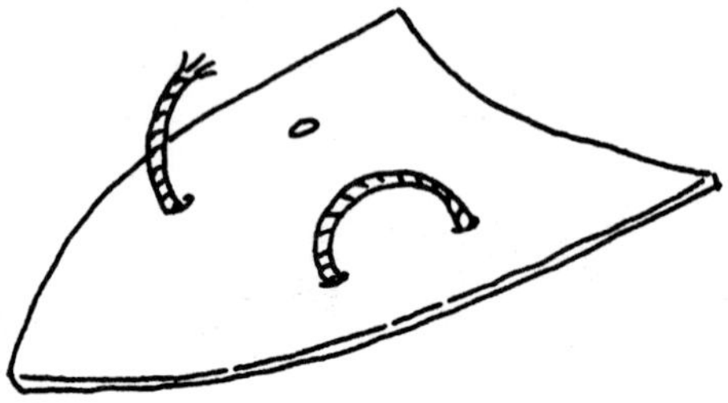

Mache wieder einen Doppelknoten auf der vorderen Seite.
Ziehe durch die anderen Löcher ebenfalls eine Schnur, sodass eine zweite Schlaufe entsteht.

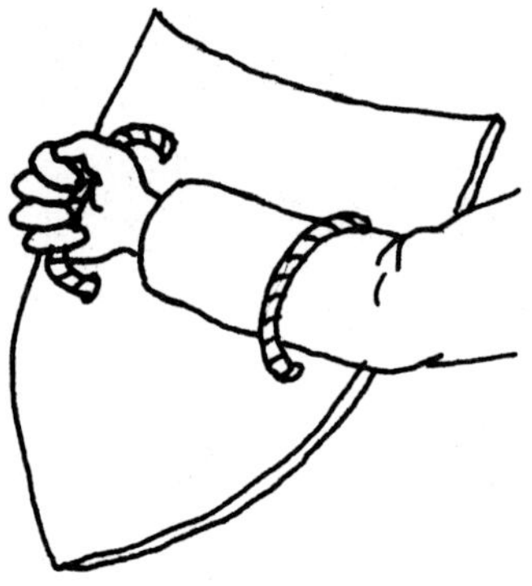

Nun ist dein Schild fertig! Viel Spaß damit!

Einen Schild herstellen – Schablone

Vorlage auf DIN A3 vergrößern.

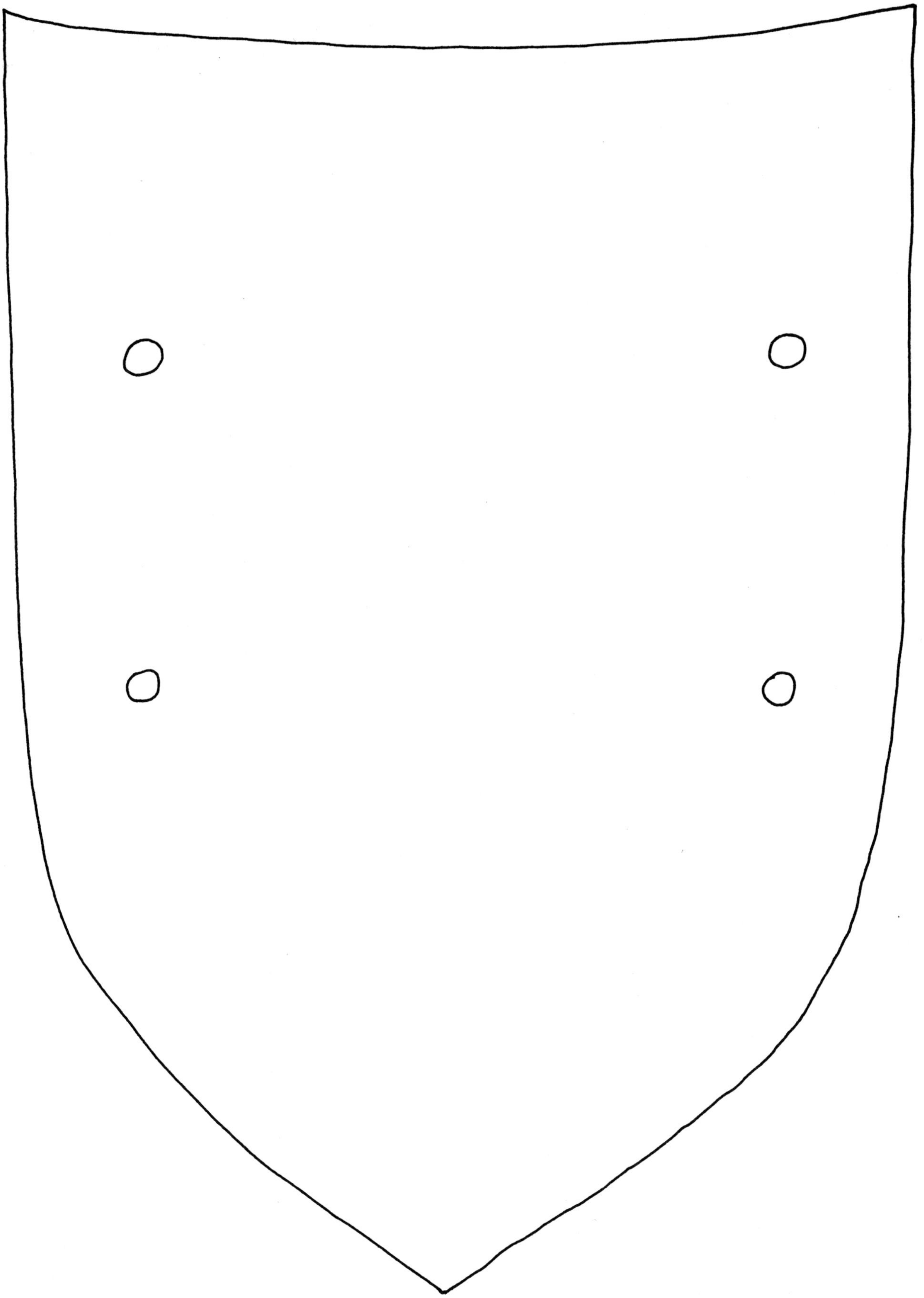

Die Ritterrüstung – Arbeitsblatt 1

Damit die Ritter im Kampf nicht verletzt wurden, zogen sie sich eine Ritterrüstung an.
Die Ritterrüstung bestand aus vielen einzelnen Teilen.

1 **Ordne die Wörter der richtigen Zahl zu: Helm, Sehschlitz, Handschuh, Panzerschutz, Visier, Kniebuckel, Sporen, Eisenschuh, Brustplatte, Ansteckbart, Beinröhre**

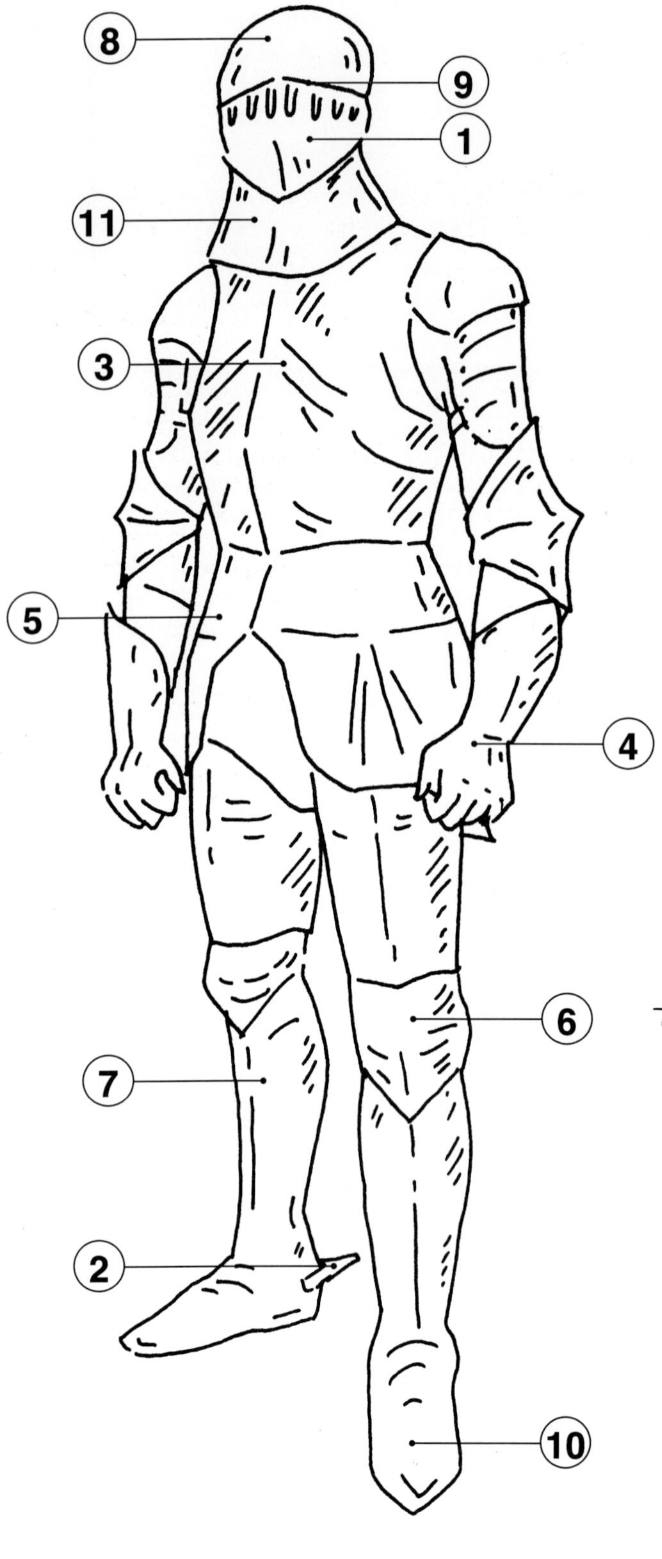

(1) ______________________

(2) ______________________

(3) ______________________

(4) ______________________

(5) ______________________

(6) ______________________

(7) ______________________

(8) ______________________

(9) ______________________

(10) ______________________

(11) ______________________

Die Ritterrüstung bestand hauptsächlich aus Eisen. Deshalb war sie sehr schwer. Oft wog sie mehr als 30 kg.

2 **Hebe einmal den Wassereimer an. Er wiegt 10 kg.**

Das heißt, die Rüstung wog so viel wie drei volle Eimer Wasser!

Trotzdem konnten sich die Ritter in der Rüstung bewegen.

Beim An- und Ausziehen brauchten sie jedoch Hilfe und auch ihr Pferd konnten sie nur mit Unterstützung ihres Knappen besteigen.

Lösung: (1) Visier, (2) Sporen, (3) Brustplatte, (4) Handschuh, (5) Panzerschutz, (6) Kniebuckel, (7) Beinröhre, (8) Helm, (9) Sehschlitz, (10) Eisenschuh, (11) Ansteckbart

Die Ritterrüstung – Arbeitsblatt

1 **Finde heraus, warum die Ritter Hilfe brauchten. Suche dir einen Partner. Einer spielt den Ritter, der andere den Knappen.**

Ihr benötigt:
- Ritterhelm
- Handschuhe
- zwei Leinenbeutel mit Gewichten
- einen schweren Ranzen oder Rucksack
- einen großen Stuhl (als Pferd)
- evtl. Schwert, Brustpanzer usw.

2 Der Ritter zieht mithilfe des Knappen die „Ritterrüstung“ an.
Er setzt den Ritterhelm und den Ranzen auf, zieht die Handschuhe an.
Der Knappe hängt ihm die Stofftaschen um die Schultern.
Nun versucht der Ritter zunächst ohne die Hilfe des Knappen auf das „Pferd“ zu steigen.

3 **Beschreibe deinem Partner:**
Was siehst du?
Was fühlst du?
Wechselt euch ab.

4 **Überlegt, warum ein Ritter in einer Ritterrüstung auf Hilfe angewiesen war.**

____

____

____

5 **Überlegt euch Vorteile und Nachteile einer Ritterrüstung.**

Vorteile (Was war gut?)	Nachteile (Was war schlecht?)

Die Ritterrüstung – Bastelanleitung Ritterhelm

Man braucht:
- einen kleinen Karton in Form eines Quaders oder einen zylinderförmigen Karton wie eine Chips- oder Waschmitteltonne
- Cuttermesser/Schere
- Alufolie
- Feder
- Klebstoff

In Augenhöhe wird in den Karton ein Sehschlitz geschnitten.
Nun wird der Helm noch mit Alufolie beklebt. Eine Feder dient zur Verzierung.

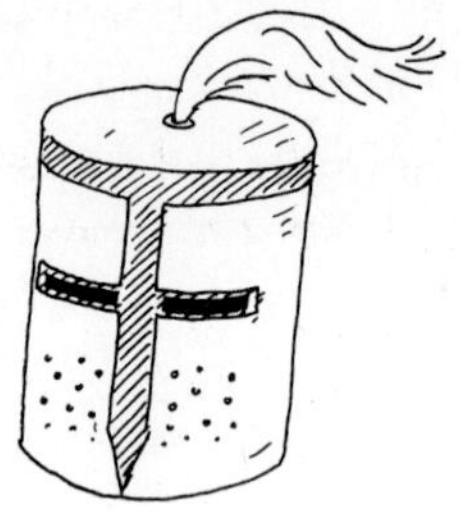

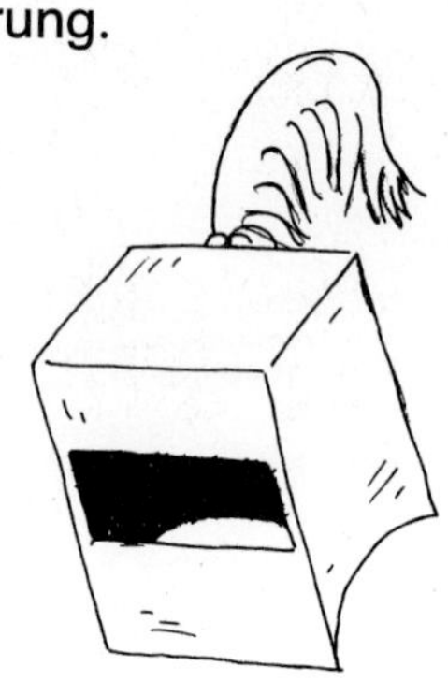

Jeanne d'Arc – Arbeitsblatt

1 **Lies den Text genau durch und unterstreiche, was du wichtig findest.**

Jeanne d'Arc wurde 1412 in Frankreich als Bauernmädchen geboren. Während dieser Zeit herrschte der Hundertjährige Krieg zwischen Frankreich und England. Mit 13 Jahren glaubte *Jeanne d'Arc* die Stimme Gottes zu hören.

Als die Engländer kurz davor waren, die französische Stadt Orleans zu erobern, hörte *Jeanne d'Arc* wieder göttliche Stimmen. Diese beauftragten sie, dem Grafen der Stadt Orleans zu helfen und Frankreich zu retten. Sie konnte den Grafen von ihrem Auftrag überzeugen und durfte eine Armee von Soldaten anführen. Dank ihrer Hilfe siegte Frankreich in Orleans.

Später wurde sie aber durch Verrat gefangen genommen und an die Engländer verkauft. Man klagte sie wegen Hexerei an.

Am 30. Mai 1431 wurde *Jeanne d'Arc* mit nur 19 Jahren auf dem Scheiterhaufen verbrannt. Fast 500 Jahre später (1920) wurde sie vom Papst heiliggesprochen und zur Schutzpatronin Frankreichs erklärt.

Jeanne d'Arc hatte trotz des großen Risikos immer an ihr Ziel, die Befreiung Frankreichs, geglaubt und dafür gekämpft.

Dies hätte niemand einem Bauernmädchen zugetraut!

2 **Auch in unserer Zeit gibt es Dinge, die einem Mädchen oder einem Jungen nicht zugetraut werden, z. B. Fußball spielen oder Kuchen backen.**
Welche Beispiele fallen dir ein? Schreibe auf.

Traut man Jungen nicht zu:	Traut man Mädchen nicht zu:

3 **Überlege: Gibt es wirklich Dinge, die nur ein Mädchen oder nur ein Junge tun kann? Schreibe deine Meinung auf.**

4.5 Arbeitsbereich 3: Im Kräutergarten und in der Küche

Gewürze für die Adligen

Material:

- Weltkarte (evtl. früher/heute oder S. 55)
- Arbeitsblatt (S. 56)
- Tippkarte (S. 58)
- verschiedene Gewürze (z. B. Ingwer, Knoblauch, Pfefferkörner, Zimtstange, Kümmel, Nelken, Meerrettich, Salbei, Zwiebel) oder Bildkarten der Gewürze (S. 57)
- Namenskärtchen (S. 57)
- Kontrollzettel

Vorbereitung:

Gewürze auf Teller legen oder Bildkarten der Gewürze (S. 57) kopieren und auf Pappe kleben bzw. laminieren, Weltkarte vergrößern oder aus dem Schulbestand holen.

Die Schülerinnen und Schüler sollen typische Gewürze, die im Mittelalter nach Europa gelangten, kennenlernen und unterscheiden können, indem sie sich die Eigenschaften und Namen einprägen.

Optional:

Weltkarte als Arbeitsblatt kopieren. Marco Polos Weg einzeichnen lassen. Ursprungsländer der Gewürze markieren und beschriften.

Kräuter und Kräutersalz sowie Kräutersalz-Schatz

Material:

- Arbeitsblatt 1 und Tippkarte (S. 59, 61)
- Klebezettel
- verschiedene Kräutertöpfe (z. B. Petersilie, Sauerampfer, Pfefferminze, Thymian, Zitronenmelisse)
- Namenskärtchen
- Kontrollzettel
- Arbeitsblatt 2 (S. 60)
- kleine Teller
- Salz (am besten grob)
- Stoff
- Schnur

Vorbereitung:

Material für die Stoffsäckchen zusammenstellen (evtl. Stoff schneiden).

Die Schülerinnen und Schüler sollen typische Kräuter kennenlernen, die im Mittelalter Verwendung fanden. Außerdem sollen sie erfahren, dass sich der Wert von Salz im Laufe der Zeit verändert hat. Dazu stellen sie Kräutersalz her und nehmen es als mittelalterliche Kostbarkeit wahr.

Heilpflanzen

Material:

- Arbeitsblatt (S. 62)
- Heilkräuterkarten (S. 63)

Vorbereitung:

Heilkräuterkarten kopieren und laminieren oder auf Pappe kleben.

Die Schülerinnen und Schüler sollen die Wirkungsweise einiger Heilkräuter kennenlernen, indem sie den Pflanzen ein typisches Krankheitsbild zuordnen, wogegen das Kraut verwendet wird.

Optional:

Zusätzlich zu den Bildern können die echten Heilpflanzen auf Tellern zum Anfassen und Riechen bereitliegen.

Hinweis zur Hausaufgabe:

Die mitgebrachten leeren Medikamenten-Schachteln werden gesammelt und ausgestellt. Sie können nach pflanzlichen Inhaltsstoffen bzw. Beschwerden/Krankheiten sortiert werden.

Kosten für Speis und Trank

Material:

- Arbeitsblätter 1 und 2 (S. 64/65)

Die Schülerinnen und Schüler sollen den Sinn der Einführung einer einheitlichen Geldwährung verstehen, indem sie in einer Marktsituation versuchen, bestimmte Dinge zu ertauschen. Dabei sollen sie Schwierigkeiten und Grenzen des Tauschhandels erfahren. Außerdem soll das logische Denken geschult werden.

Optional:

Die Marktsituation wird in einem Rollenspiel nachgespielt. Jeder soll so lange tauschen, bis er sein gewünschtes Objekt bekommen hat.

Apfelkette

Material:

- Arbeitsblatt (S. 66)
- Äpfel (ggf. von den Kindern mitbringen lassen)
- Apfelstecher
- Brett
- Messer
- Schnur
- Schere
- Komposteimer

Vorbereitung:

Eine Apfelkette zur Demonstration herstellen.

Hinweise:

Die Schülerinnen und Schüler in den Umgang mit einem Apfelschneider einweisen, da sonst Verletzungsgefahr besteht.

Die Äpfel dürfen auf der Schnur nicht zu dicht aufgehängt werden, da sie sonst anfangen, zu schimmeln.

Die Schülerinnen und Schüler sollen das Trocknen von Lebensmitteln als eine Form der Haltbarmachung kennenlernen, indem sie Apfelscheiben trocknen und diesen Vorgang über einen längeren Zeitraum beobachten. Die getrockneten Apfelringe sollen sie als „gesunde Süßigkeit" wahrnehmen.

Benimmregeln bei Tisch

Material:

- Arbeitsblatt (S. 67)

Die Schülerinnen und Schüler sollen erkennen, dass es bereits im Mittelalter Regeln für gutes Benehmen am Tisch gab, indem sie einzelne Regeln negieren und als Pantomime vorspielen. Weiterhin sollen sie Tischregeln für zu Hause entwickeln.

Optional:

Die Regeln können in einem kleinen Buch oder Leporello festgehalten werden. Auf jeder Seite wird eine Regel bildlich dargestellt und mit kurzen Sätzen erläutert.

Gewürze für die Adligen

Im Mittelalter waren Gewürze sehr wertvoll. Viele Gewürze kamen von weit her, zum Beispiel aus Indien oder China. Weil es noch keine Flugzeuge gab, mussten Kaufleute den langen Weg mit Pferden oder Kamelen zurücklegen. Dafür brauchten sie mehrere Wochen und Monate. Deshalb waren die Gewürze sehr teuer.

Ein berühmter Kaufmann aus Venedig hieß *Marco Polo.* Er lebte in der Zeit 1254 bis 1325 n. Chr.

Zeige auf der Weltkarte, wo Venedig und China liegen.
Fahre mit dem Finger den langen Weg nach, den *Marco Polo* zurücklegen musste.

Finde heraus, welche Gewürze die Kaufleute von ihren Reisen mit nach Europa brachten. (Arbeitsblatt, Namenskärtchen)

Brauchst du Ideen für Aufgabe 1 des Arbeitsblattes, nimm dir die Tippkarte.

Kräuter und Kräutersalz

Kennst du Kräutersalz?

Kräutersalz ist eine Mischung aus getrockneten Kräutern und Salz.
Heute kann man es preiswert im Supermarkt kaufen. Im Mittelalter war Kräutersalz jedoch sehr selten, denn Salz musste in mühevoller Arbeit gewonnen werden. Salz war eine Kostbarkeit und zeitweise teurer als Gold. Deshalb nannte man es auch „das weiße Gold“.

Welche Kräuter wurden für Kräutersalz verwendet? Wie heißen sie?
Woran erinnern dich Geschmack und Geruch? (Arbeitsblatt 1)

Brauchst du Ideen? Nimm dir die Tippkarte.

Stelle dir selbst einen kleinen Schatz („weißes Gold mit Kräutern“) her. (Arbeitsblatt 2)
ACHTUNG: Die Aufgabe besteht aus zwei Teilen!

– Teil 1 kannst du heute erledigen.
– Teil 2 kannst du erst morgen bearbeiten!

Heilpflanzen

Kräuter und Gewürze benutzten die Menschen nicht nur, um ihr Essen zu würzen, sondern auch, um Krankheiten zu heilen. Im Mittelalter gab es viele Frauen, die sich mit dieser Heilkunst auskannten. Einige arbeiteten als Kräuterfrauen oder Hebammen. Auf der Burg gab es oft einen kleinen Kräutergarten, wo die adligen Frauen Heilkräuter anpflanzten.

Eine berühmte Frau, die Bücher über Medizin und Heilpflanzen geschrieben hat, war *Hildegard von Bingen.* Sie lebte in der Zeit von 1098 bis 1179 n. Chr.

Auch heute werden viele Krankheiten mithilfe der Heilpflanzen behandelt.

Finde heraus, welche Pflanze bei welcher Krankheit hilft. (Arbeitsblatt, Heilkräuterkarten)

Kosten für Speis und Trank

Im Mittelalter benutzten die Menschen kein Geld, wie wir es heute tun. Wenn die Menschen etwas brauchten, versuchten sie es einzutauschen, z. B. ein Huhn gegen einen Sack Rüben.

Erst später wurden Münzen, z. B. Silbermünzen, benutzt. Ihr Wert hing von ihrem Gewicht ab.

In der Neuzeit wurden einheitliche Währungen wie Euro und Cent eingeführt. (Schau dir unsere Zeitleiste an!)

Aber warum wurde Geld eingeführt?
Warum wurde nicht einfach weiter getauscht?
Finde es heraus, indem du das Rätsel löst.
(Arbeitsblatt 1 und 2)

Apfelkette

Auf der Burg hatten die Menschen keine Kühlschränke, um Lebensmittel lange lagern zu können. Trotzdem gab es Möglichkeiten, Obst, Gemüse, Fleisch und Fisch haltbar zu machen.

Finde heraus, wie die Menschen versuchten, Lebensmittel haltbar zu machen. (Arbeitsblatt)

Benimmregeln bei Tisch

Im Frühmittelalter durften nur die Männer am Tisch sitzen. Es herrschten beim Essen ein schlechter Umgangston und raue Sitten. Erst als im 11. Jahrhundert auch Frauen zugelassen wurden, wurden Benimm- und Tischregeln eingeführt.

Das Erlernen dieser Regeln gehörte zur Ritter-Ausbildung. Aber auch bei der Erziehung der Mädchen spielten diese eine große Rolle.

Finde heraus, welche Benimm- und Tischregeln die Kinder lernen mussten. (Arbeitsblatt)

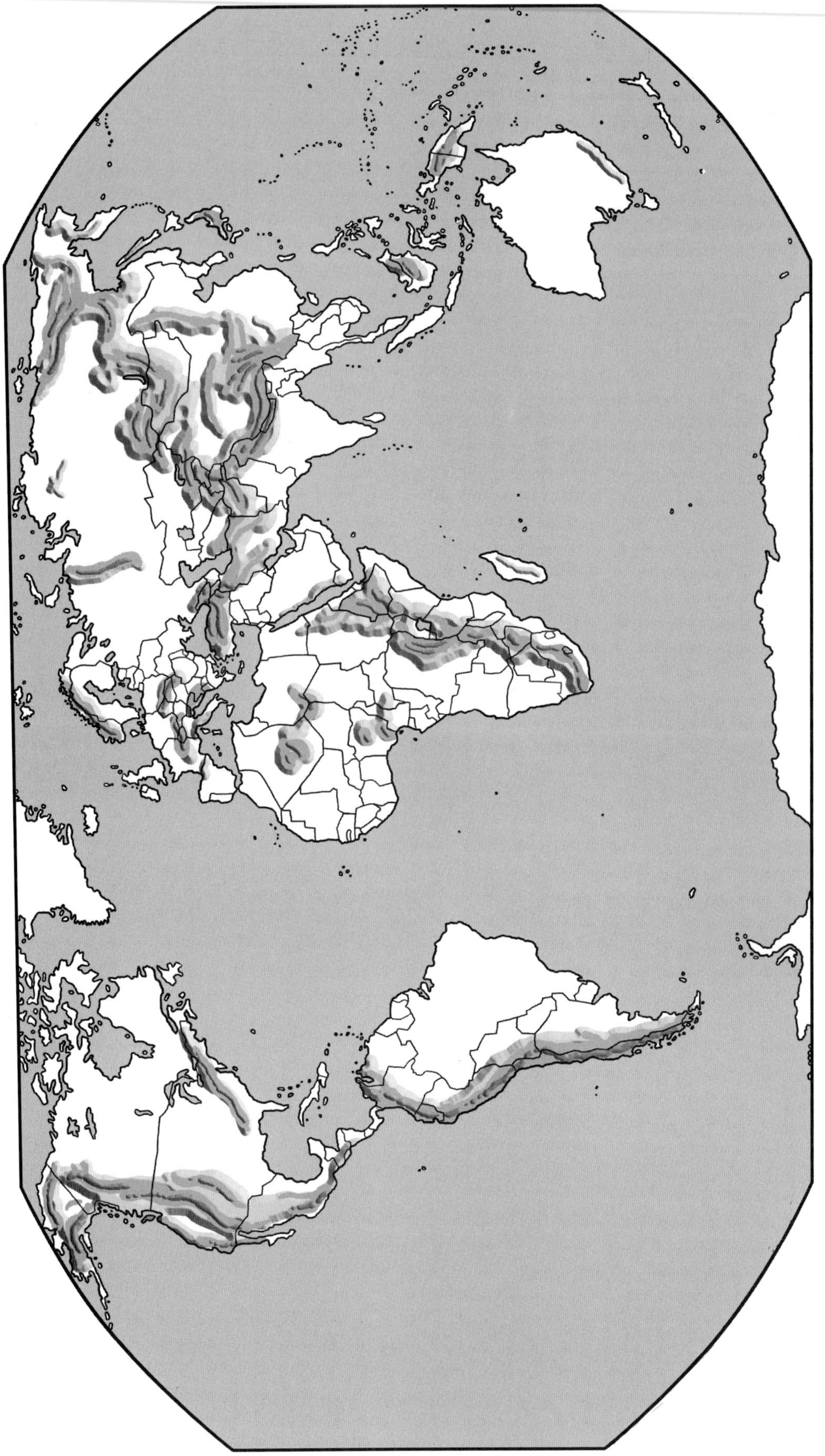

Gewürze für die Adligen – Arbeitsblatt

1 **Schau dir die Gewürze gut an. Rieche vorsichtig an ihnen. Woran erinnert dich der Geruch? Schreibe oder male auf.**

Wenn du eine Idee brauchst, schau dir die Tippkarte an!

	An was erinnert dich der Geruch?		Woran erinnert dich der Geruch?
Nr. 1		Nr. 4	
Nr. 2		Nr. 5	
Nr. 3		Nr. 6	

2 **Ordne die Namenskärtchen den Gewürzen richtig zu. Fülle anschließend die Tabelle aus.**

	Name	kommt ursprünglich aus
Nr. 1		
Nr. 2		
Nr. 3		
Nr. 4		
Nr. 5		
Nr. 6		

Der berühmte Kaufmann Marco Polo lebte von 1254 bis 1325 n. Chr.

Wie alt wurde er? ______________________________

Gewürze für die Adligen – Namenskärtchen

Zwiebel Mittelasien (z. B. heutiges Afghanistan)	**Kümmel** Asien
Ingwer Südostasien (z. B. heute Indonesien)	**Pfeffer** Indien
Zimt Süd- und Südostasien (z. B. heute Sri Lanka)	**Nelken** Asien

Gewürze für die Adligen – Bildkärtchen

Gewürze für die Adligen – Tippkarte

Erinnert dich der Geruch vielleicht an …

ein bestimmtes Essen, Obst oder Gemüse?
ein bestimmtes Getränk, vielleicht Tee?
eine bestimmte **Süßigkeit?**
oder an ein **Erlebnis?**

Erinnert dich der Geruch vielleicht an …

ein bestimmtes Essen, Obst oder Gemüse?
ein bestimmtes Getränk, vielleicht Tee?
eine bestimmte **Süßigkeit?**
oder an ein **Erlebnis?**

Erinnert dich der Geruch vielleicht an …

ein bestimmtes Essen, Obst oder Gemüse?
ein bestimmtes Getränk, vielleicht Tee?
eine bestimmte **Süßigkeit?**
oder an ein **Erlebnis?**

Erinnert dich der Geruch vielleicht an …

ein bestimmtes Essen, Obst oder Gemüse?
ein bestimmtes Getränk, vielleicht Tee?
eine bestimmte **Süßigkeit?**
oder an ein **Erlebnis?**

Kräuter und Kräutersalz – Arbeitsblatt 1

1

Schau dir die Kräuter gut an.
Pflücke ein Blatt ab und zerreibe es vorsichtig zwischen den Fingern.
Rieche daran.
Woran erinnert dich der Geruch? Schreibe auf.

2

Pflücke ein weiteres Blatt und probiere!
Woran erinnert dich der Geschmack? Schreibe auf!

Wenn du eine Idee brauchst, schaue dir die Tippkarte an.

	Geruch	Geschmack	Name
Nr. 1			
Nr. 2			
Nr. 3			
Nr. 4			
Nr. 5			

3

Ordne die Namenskärtchen den Kräutern richtig zu.
Lass dich von dem Experten abfragen.
Trage die richtigen Namen in die Tabelle ein.

Kräuter und Kräutersalz – Arbeitsblatt 2

1 **Stelle einen Kräutersalz-Schatz her.** **Teil 1**

Du brauchst:
- kleine Blätter von unseren Kräutern
- einen kleinen Teller
- einen Klebezettel

1) Pflücke dir ein paar kleine Blätter von deinen Lieblingskräutern.
2) Lege die Blätter auf einen Teller und stelle ihn auf die Fensterbank/Heizung.
3) Klebe einen Namenszettel an deinen Teller.
4) Nun musst du bis morgen warten.

2 **Was wird wohl mit den Blättern passieren? Schreibe deine Vermutung auf.**

____

____

____

Hast du einen Tag gewartet?
Dann kannst du jetzt weiterarbeiten. **Teil 2**

3 **Was ist mit den Blättern passiert? Hattest du recht mit deiner Vermutung?**

____

____

Du brauchst:
- ein Stück Stoff
- ein Stück Bindfaden
- deine Kräuter
- etwas Salz

1) Lege den Stoff vor dich auf den Tisch.
2) Streue in die Mitte etwas Salz.
3) Zerreibe über dem Salz die getrockneten Blätter zwischen den Fingern.
4) Mische die Blätterkrümel mit dem Salz.
5) Binde den Stoff mit einer Schnur zusammen, sodass ein Säckchen entsteht.

Fertig ist dein Kräutersalz-Schatz!

4 **Wofür kannst du das Kräutersalz verwenden?**

____

Kräuter und Kräutersalz – Tippkarte

Erinnert dich der Geruch vielleicht an …

ein bestimmtes Essen, Obst oder Gemüse?
ein bestimmtes Getränk, vielleicht Tee?
eine bestimmte **Süßigkeit?**
oder an ein **Erlebnis?**

Erinnert dich der Geruch vielleicht an …

ein bestimmtes Essen, Obst oder Gemüse?
ein bestimmtes Getränk, vielleicht Tee?
eine bestimmte **Süßigkeit?**
oder an ein **Erlebnis?**

Erinnert dich der Geruch vielleicht an …

ein bestimmtes Essen, Obst oder Gemüse?
ein bestimmtes Getränk, vielleicht Tee?
eine bestimmte **Süßigkeit?**
oder an ein **Erlebnis?**

Erinnert dich der Geruch vielleicht an …

ein bestimmtes Essen, Obst oder Gemüse?
ein bestimmtes Getränk, vielleicht Tee?
eine bestimmte **Süßigkeit?**
oder an ein **Erlebnis?**

Heilpflanzen – Arbeitsblatt

Die Frauen und Mädchen lernten das Wissen über die Heilpflanzen oft im Kloster. Da die Jungen und Männer kaum unterrichtet wurden, wussten sie nur selten über diese Heilkunst Bescheid. Ihnen wurden hauptsächlich das Kämpfen und der Umgang mit Waffen beigebracht.

1 **Lies dir die Rezepte gut durch. Schau dir dann die Heilkräuter-Karten an. Schreibe auf, gegen welche Krankheiten die Tees wirken.**

Rezepte für Heilkräuter-Tees

Hilft bei ______________________________

20 g Fenchel
10 g Anis
5 g Kamillenblüten

Pro Tasse 1 Essl. Tee, 10 Min. zugedeckt ziehen lassen

Vorbeugend gegen ______________________

30 g Hagebuttenfrüchte
10 g Holunderblüten
10 g Lindenblüten

Pro Tasse 1 Essl. Tee, 10 Min. zugedeckt ziehen lassen

Hilft bei ______________________________

25 g Lindenblüten
25 g Holunderblüten

Pro Tasse 1 Essl. Tee, 10 Min. zugedeckt ziehen lassen

Hilft bei ______________________________

20 g getrocknete Heidelbeeren
20 g Kamillenblüten

Pro Tasse 1 Essl. Tee in kaltes Wasser schütten, 10 Min. kochen lassen, abseihen

Hilft bei ______________________________

10 g Spitzwegerichblätter
10 g Thymiankraut
5 g Fenchelsamen

Pro Tasse 1 Essl. Tee, 10 Min. zugedeckt ziehen lassen

Tipp: Mische dir mithilfe der Rezepte zu Hause einen eigenen Heilkräutertee.

2 **Bring von zu Hause Schachteln von Medikamenten mit, in denen Heilpflanzen enthalten sind (z. B. Hustensaft). Sortiert die Medikamente nach Krankheiten.**

Die Heilkundlerin Hildegard von Bingen lebte von 1098 bis 1179 n. Chr.

Wie alt wurde sie? ______________________________

Heilpflanzen – Heilkräuterkarten

Thymian

Hilft bei Husten

Lindenblüten

Vorbeugend bei Erkältung, Fieber

Fenchel

Hilft bei Husten, Bauchschmerzen

Kamillenblüten

Hilft bei Bauchschmerzen, Durchfall

Hagebutten

Vorbeugend bei Erkältung

Anis

Hilft bei Bauchschmerzen

Thymian

Hilft bei Husten

Lindenblüten

Vorbeugend bei Erkältung, Fieber

Fenchel

Hilft bei Husten, Bauchschmerzen

Kamillenblüten

Hilft bei Bauchschmerzen, Durchfall

Hagebutten

Vorbeugend bei Erkältung

Anis

Hilft bei Bauchschmerzen

Kosten für Speis und Trank – Arbeitsblatt 1

Im Mittelalter gab es keine Kaufhäuser, wie wir sie heute kennen. Die Menschen versuchten, so viel wie möglich selbst herzustellen, z. B. Brot oder Wein.
Wenn sie doch etwas brauchten, mussten sie Dinge tauschen, denn Geld gab es noch nicht.
Adlige oder reiche Leute tauschten auch mit wertvollem Schmuck oder Edelsteinen. Diese waren bei allen sehr begehrt und somit ein gutes Tauschmittel.
Erst nach und nach wurden Münzen hergestellt. Doch jede Region hatte andere Münzen, was das Bezahlen sehr schwierig machte. Der Wert einer Münze hing am Anfang von ihrem Gewicht ab.

Auf dem Markt treffen sich Emma, Michel, Kuno, Siegfried und Adelheid. Sie benötigen alle bestimmte Dinge. Deshalb haben sie etwas zum Tauschen mitgebracht.

1 **Tausche so hin und her, dass jeder mit den Dingen nach Hause gehen kann, die er benötigt.**
Streiche durch, was jemand weggibt. Male dazu, was er dafür bekommt.
Benutze einen Bleistift.

Lösung

Bäuerin Emma hat 3 Hühner.
Sie hätte gerne 1 Sack Rüben.

Bauer Michel hat 1 Sack Rüben.
Er hätte gerne 2 Kannen Milch.

Bauer Kuno hat 3 Kannen Milch.
Er hätte gerne 3 Hühner.

Ritter Siegfried hat 1 wertvollen Edelstein.
Er hätte gerne 4 Krüge Wein.

Burgherrin Adelheid hat 4 Krüge Wein.
Sie hätte gerne 1 Kanne Milch.

2 **Was fällt dir auf?**

____

____

Kosten für Speis und Trank – Arbeitsblatt 2

1 **Nun kommt auch noch Brunhilde zum Markt.**
Wie kann nun getauscht werden?
Schreibe und male auf.

Lösung

Bäuerin Brunhilde hat 1 Beutel Äpfel.
Sie hätte gerne 1 Huhn.

Bäuerin Emma hat 3 Hühner.
Sie hätte gerne 1 Sack Rüben.

Bauer Michel hat 1 Sack Rüben.
Er hätte gerne 2 Kannen Milch.

Bauer Kuno hat 3 Kannen Milch.
Er hätte gerne 3 Hühner.

Ritter Siegfried hat 1 wertvollen Edelstein.
Er hätte gerne 4 Krüge Wein.

Burgherrin Adelheid hat 4 Krüge Wein.
Sie hätte gerne 1 Kanne Milch.

2 **Warum haben die Menschen einheitliches Geld erfunden?**
Welche Vorteile hat es gegenüber dem Tauschhandel?

Apfelkette – Arbeitsblatt

Im Mittelalter gab es keine Kühlschränke, um Lebensmittel lange lagern zu können. Man nutzte andere Methoden, um Obst, Gemüse, Fleisch oder Fisch länger haltbar zu machen. Dieses war für die Menschen besonders im Winter wichtig.

Fleisch, Fisch und Gemüse konnten über viele Monate gelagert werden, wenn sie kräftig gesalzen wurden. Salz war aber sehr kostbar und zeitweilig teurer als Gold. Daher nutzte man andere Möglichkeiten, die kostenlos und einfach waren.

1 **Probiere selbst eine Möglichkeit aus:**

Du brauchst:
- einen Apfel
- Apfelstecher
- Brett als Unterlage
- Faden

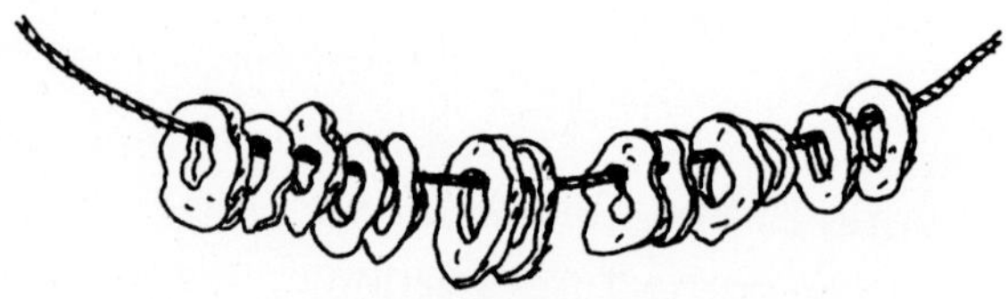

1) Nimm den Apfel und entferne mit dem Apfelstecher vorsichtig das Kerngehäuse.
2) Schneide den Apfel in Scheiben (Ringe).
3) Nun musst du die Scheiben auf einen Faden auffädeln, verknoten und aufhängen.

2 **Beantworte folgende Fragen:**

Was passiert mit den Apfelringen?

____

____

Wie könnte man diese Möglichkeit der Haltbarmachung nennen?

____

Welche anderen Lebensmittel kennst du, die man auf diese Weise lagern kann?

____

Warum war es gerade für den Winter wichtig, viele Lebensmittel einzulagern?

____

____

3 **Schaue jeden Tag, wie sich dein Apfel verändert!**

Recherchiere: Welche Verfahren des Haltbarmachens von Lebensmitteln gab es im Mittelalter noch?

Benimmregeln bei Tisch – Arbeitsblatt

Adelheid und ihr Bruder Richard sollen die Tischregeln lernen. Kannst du ihnen helfen?

1 Lies dir die Regeln gut durch.

Lecke deine Finger nicht ab!
Trink und sprich nicht mit vollem Mund!
Fange nicht an zu essen, bevor die anderen anfangen!
Kratze dich nicht am Kopf oder Leib!
Stütze dich nicht mit den Ellbogen auf den Tisch!
Säubere Zähne und Fingernägel nicht mit der Messerspitze!
Wasche deine Hände vor dem Essen!
Schmatze nicht!
Stopfe nicht ein zu großes Stück in den Mund!
Wenn du niesen oder husten musst, wende dich ab!
Lege den abgenagten Knochen nicht zurück in die Schüssel!
Schnäuze dich nicht ins Tischtuch!

2 Suche dir drei Regeln aus. Spiele sie pantomimisch im Abschlusskreis vor. Die anderen sollen die Regeln erraten. Pantomimisch bedeutet: Du darfst nicht sprechen und keine Geräusche machen.

3 Welche Tisch- und Benimmregeln gibt es bei dir zu Hause?

____

____

____

____

4 Welche Regeln würdest du gerne bei euch einführen?

____

____

____

4.6 Arbeitsbereich 4 Zeitvertreib und Unterhaltung

Belagerung – ein ritterliches Brettspiel

Material:
- 2 Kastanien, 24 Steine
- Spielanleitung (S. 72) und Spielplan (S. 73)

Optional:
Andere Naturgegenstände (Muscheln, Eicheln …) oder normale Spielfiguren in 2 Farben.

Vorbereitung:
Den Spielplan laminieren oder auf dicke Pappe kleben. Die Naturgegenstände von den Kindern sammeln lassen.

Die Schülerinnen und Schüler sollen erkennen, dass einige der heutigen Spiele schon sehr alt sind, indem sie ein mittelalterliches Brettspiel kennenlernen und ausprobieren.

Gaukler und Akrobaten

Material:
- Jonglierbälle (mindestens 3 Stück) oder Jongliertücher
- Arbeitsblätter 1 und 2 (S. 74/75)

Vorbereitung:
Falls keine Bälle oder Jongliertücher zur Verfügung stehen, finden Sie eine einfache Bastelanleitung bei den Arbeitsblättern (S. 74). Es können auch die Filzbälle der Station „Filzen“ (s. S. 82 f.) verwendet werden.

Die Schülerinnen und Schüler sollen ihre Ausdauer, Geschicklichkeit und ihr räumliches Vorstellungsvermögen schulen, indem sie einfache Jonglierübungen durchführen.

Mittelalterliche Instrumente

Material:
- Arbeitsblatt (S. 76)

Optional:
Falls vorhanden, mittelalterliche Instrumente zur Anschauung.

Die Schülerinnen und Schüler sollen erkennen, dass es verschiedene Kategorien von Instrumenten gibt, indem sie mittelalterliche Instrumente dem jeweiligen Oberbegriff zuordnen.

Fahrende Sänger und Musiker

Material:
- Arbeitsblatt 1 und 2 (S. 77/78)
- „mittelalterliche“ Instrumente wie Trommel, Tamburin, Klangstäbe, Schellen, Glocken, Rasseln, Flöte, Maultrommel …

Optional:
Verkleidung.

Die Schülerinnen und Schüler sollen ihre Musikalität schulen, indem sie sich kreativ mit dem Lied „Ritter Giselher“ auseinandersetzen.

Kinderspiele auf der Burg

Material:
- Verschiedenfarbige Wollknäule zur Auswahl
- Spielanleitung (S. 79)
- Metermaßband
- Schere

Optional:
Fäden mit der Länge 1 m vorbereiten.

Die Schülerinnen und Schüler sollen erkennen, dass sich Spiele und Spielzeugmaterialien im Laufe der Geschichte verändern, indem sie ein in heutiger Zeit fast vergessenes Geschicklichkeitsspiel kennenlernen. Außerdem sollen sie ihre Fingerfertigkeit, Ausdauer und Wahrnehmung trainieren.

Walther von der Vogelweide

Material:
- Arbeitsblätter 1 und 2 (S. 80/81)

Die Schülerinnen und Schüler sollen die Gedichtform Rondell kennenlernen, indem sie ein eigenes Gedicht in Anlehnung an das Liebesgedicht von *Walther von der Vogelweide* verfassen. Außerdem sollen sie erkennen, dass die Sprache Veränderungen unterliegt.

Optional:
Die Kinder tragen ihr Gedicht im Abschlusskreis mit der passenden Betonung, Mimik und Gestik vor.

Belagerung – ein ritterliches Brettspiel

Außer bei den Ritter-Turnieren gab es nicht viel Abwechslung auf der Burg. Zeitungen und Zeitschriften waren noch nicht erfunden. Die wenigen Bücher, die es gab, waren mit der Hand geschrieben und wurden wie kostbare Schätze behandelt. Außerdem konnten die meisten Ritter gar nicht lesen.

Die Abende verbrachte man daher mit dem Erzählen von Geschichten oder mit Brettspielen. Einige davon kennen wir noch heute: Mühle, Dame und Schach.

Hier kannst du das fast vergessene Ritterspiel „Belagerung“ ausprobieren!
Bevor du anfängst zu spielen, lies dir die Spielregeln durch. (Spielanleitung, Spielplan)

Gaukler und Akrobaten

Auf der Burg gab es keinen Fernseher und auch keine Computerspiele.

Trotzdem wollten die Burgherren gerne unterhalten werden. Besonders bei großen Festen sorgten Gaukler für Unterhaltung. Oft trugen sie lustige Kostüme und führten kleine Akrobatik-Kunststücke vor. Eine beliebte Kunst war das Jonglieren.

Bestimmt hast du schon einmal jemanden mit Keulen oder Bällen jonglieren sehen.
Jetzt kannst du diese Kunst selbst erlernen.
Du brauchst jedoch etwas Geduld und viel Übung.
(Arbeitsblatt 1 und 2)

Mittelalterliche Instrumente

Im Mittelalter gab es noch keine Keyboards, CD-Player oder MP3-Player.
Wenn die Menschen Musik hören wollten, mussten sie selbst Instrumente spielen.

Lerne einige typische Instrumente aus dem Mittelalter kennen. (Arbeitsblatt)

Fahrende Sänger und Musiker

Im Mittelalter gab es keine Radios oder Zeitungen. Um Neuigkeiten zu erfahren, lauschten die Menschen fahrenden Sängern und Musikern. Sie besangen Heldentaten tapferer Ritter oder die Schönheit der Frauen. Meistens blieben sie ein paar Tage oder Wochen auf einer Burg, bevor sie, reich belohnt, weiterzogen.

Weil die Sänger sehr lange brauchten, um von einer Burg zur anderen zu ziehen, waren die Informationen in ihren Liedern schon veraltet.

Finde heraus, worüber die fahrenden Sänger genau sangen. (Arbeitsblatt 1)

Überlege dir eine Begleitung mit Instrumenten für das Lied.

Denke dir selbst eine Strophe für das Lied aus. (Arbeitsblatt 2)

Kinderspiele auf der Burg

Heute besteht Spielzeug oft aus Plastik (Barbie-Puppen oder Lego). Trotzdem wurden viele Spiele, die du heute kennst, auch von den Kindern im Mittelalter gespielt. Die Spielsachen bestanden aber aus Naturmaterialien wie Holz, Wolle, Leder oder Ton, denn Plastik gab es noch nicht.

Die Kinder kannten kleine Lederbälle, Holzpferde, Stelzen, Ton-Murmeln oder Puppen aus Stroh.

Ein beliebtes Spiel, das heute fast vergessen ist, war das Fadenspiel. Dafür brauchten die Kinder nur einen einfachen Wollfaden. So konnten auch die armen Kinder spielen.

Hier kannst du ein Fadenspiel kennenlernen und ausprobieren:
„Die gefesselten Daumen".

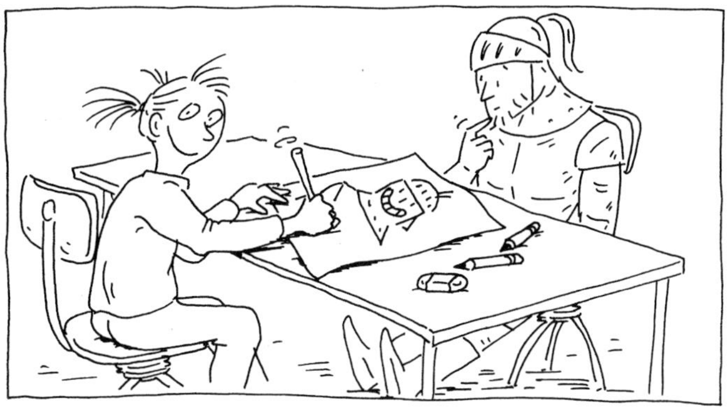

Walther von der Vogelweide

Walther von der Vogelweide war einer der bedeutendsten Dichter und Minnesänger im Mittelalter. Leider ist nicht bekannt, wann er genau gelebt hat. Es wird vermutet, dass er um 1170 geboren wurde und um 1230 starb.

Mit seinen Gedichten und Liedern verzückte *Walther von der Vogelweide* die Menschen.
Er besang die Schönheit der Frauen und die Tugenden der Fürsten.

Lies dir das Gedicht von *Walther von der Vogelweide* durch. Versuche, es zu übersetzen. (Arbeitsblatt 1)

Schreibe ein eigenes Gedicht. (Arbeitsblatt 2)

Belagerung – Spielanleitung

Ihr braucht:
- 2 Kastanien als Spielsteine (Verteidiger der Burg)
- 24 Steine als Spielsteine (Angreifer der Burg)
- Spielplan
- Spielregeln

Spielregeln

Die Steine werden auf die schwarzen Punkte gelegt.

Die weißen Punkte stellen die Burg dar, die von den Angreifern (Steine) erobert werden soll. Die Angreifer dürfen nur auf den schwarzen Linien ziehen und nur vorwärts.

Die zwei Verteidiger (Kastanien) werden auf beliebige weiße Punkte der Burg gelegt.

Sie dürfen in alle Richtungen ziehen und durch Überspringen die Angreifer schlagen. Dazu muss hinter dem Angreifer das Feld frei sein.

Geschlagene (übersprungene) Angreifer werden vom Spielfeld genommen.

Alle Steine werden immer nur um ein Feld vorwärtsgezogen.

Die Angreifer haben gewonnen, wenn es ihnen gelingt, alle 9 weißen Punkte der Burg zu besetzen.

Die Verteidiger haben gewonnen, wenn die Angreifer die Burg nicht besetzen können, weil sie weniger als 9 Figuren haben.

Viel Spaß!

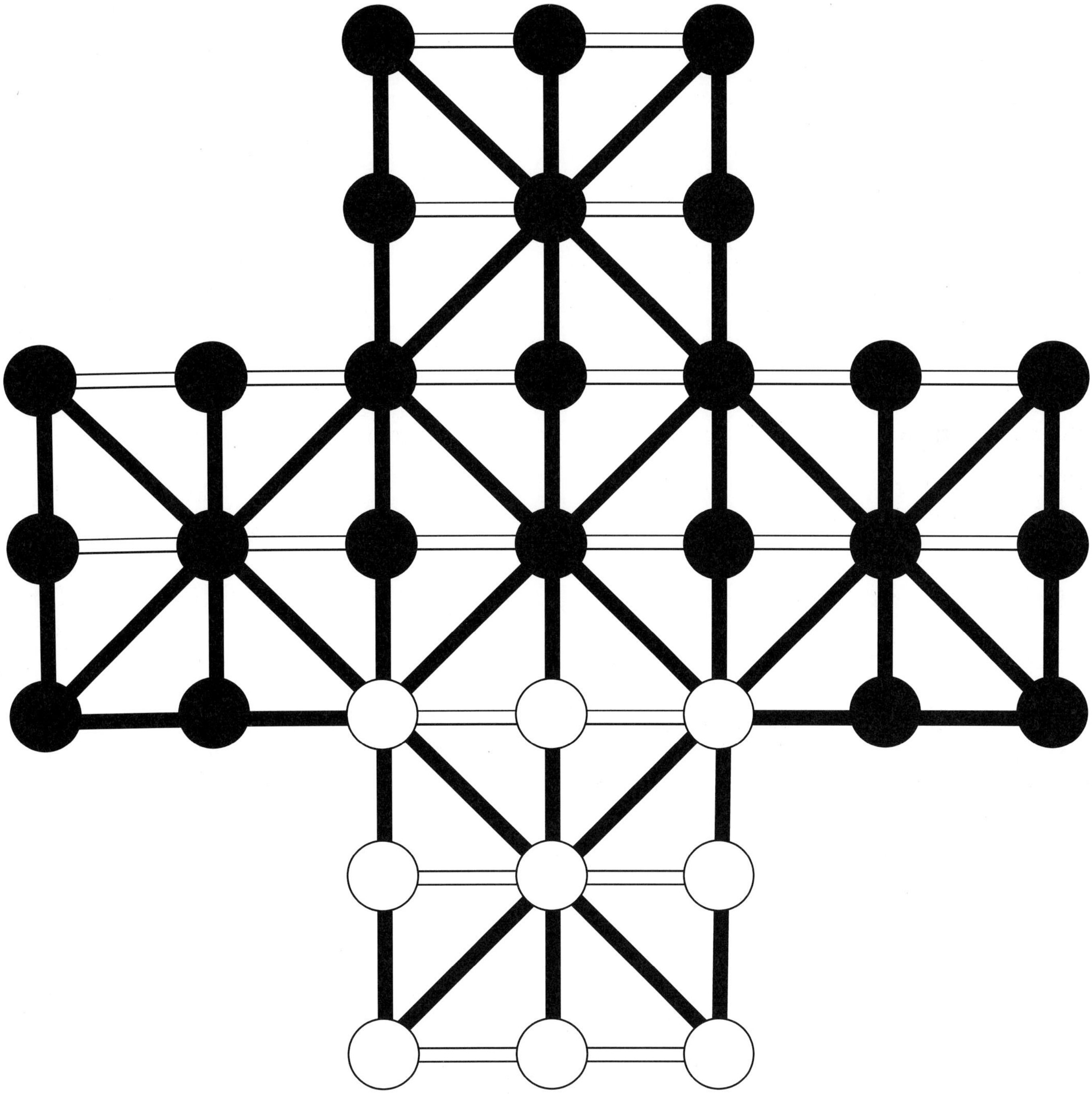

Gaukler und Akrobaten – Bastelanleitung

Jonglierbälle

Man benötigt für einen Jonglierball:

- 3 Luftballons
- Reis
- Trichter

Entferne von zwei Luftballons den Hals. Stecke den Trichter in den Ballon *mit* Hals. Nun fülle den Reis mithilfe des Trichters in den Ballon. Der Ballonhals wird vorsichtig abgeschnitten. Ziehe nun einen Ballon ohne Hals über den gefüllten, und zwar so, dass das Loch bedeckt ist. Der dritte Ballon wird ebenfalls über den Ball gezogen.

Die Jonglierbälle halten besonders gut, wenn der dritte Ballon etwas kleiner ist als die beiden ersten.

Jongliertücher

Man benötigt: Nylonstoff oder Gaze in verschiedenen Farben.

Jongliertücher eignen sich gut für Anfänger, da das Jonglieren mit ihnen einfacher ist.

Schneide ca. 30 x 30 cm große Quadrate zurecht.

Gaukler und Akrobaten – Arbeitsblatt 1

Jetzt kannst du die Kunst des Jonglierens selbst erlernen.

Du brauchst Geduld und viel Übung.

Übung 1: Gleichmäßiges Werfen mit einem Ball

Den Ball in einem Bogen von rechts nach links werfen.

Die Hände möglichst wenig bewegen.

Dann von links nach rechts.

So lange üben, bis es gut klappt.

Übung 2: Das Werfen mit zwei Bällen

Ball 1 (rechts) wie bei Übung 1 hochwerfen.

Kurz bevor Ball 1 links ankommt, wird Ball 2 nach rechts geworfen.

Ball 1 kann nun mit links aufgefangen werden.

Ball 2 kommt rechts an.

Die Übung wiederholen. Diesmal mit links anfangen.

So lange üben, bis die Bälle nicht mehr runterfallen.

Übung 3: Das Werfen mit drei Bällen

Nimm in die rechte Hand zwei Bälle, in die linke einen.
Beginn wie bei Übung 2: Ball 1 fliegt nach links.
Kurz bevor er links ankommt, wirfst du Ball 2 nach rechts.
Kurz bevor er rechts ankommt, wirfst du nun Ball 3 nach links.
Kurz bevor Ball 3 links ankommt, wirfst du Ball 1 zurück nach rechts usw.
Versuche ganz langsam zu werfen.

Der Start:

Führe deine Jonglier-Kunst vor!

**Oft trugen Gaukler und Akrobaten bunte, lustige Kostüme.
Wenn du möchtest, kannst du dich für die Vorführung verkleiden.
Vielleicht hast du etwas passendes vom Fasching zu Hause.**

Mittelalterliche Instrumente – Arbeitsblatt

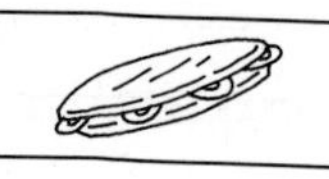

Wenn die Menschen im Mittelalter Musik hören wollten, mussten sie selbst ein Lied singen.
Da nur wenige Menschen Instrumente spielen konnten, freuten sich alle besonders über die Ankunft eines fahrenden Sängers. Dieser spielte auf einem Instrument und sang Lieder dazu.

1 **Hier siehst du einige mittelalterliche Instrumente. Lies dir die Texte gut durch.**

2 **Schreibe zu jedem Instrument den passenden Oberbegriff:**
Streichinstrument, Blasinstrument, Dudelsack, Schlag- oder Rhythmusinstrument

Die **Sackpfeife** ist ein sehr altes Instrument. Schon vor dreitausend Jahren wurde sie in Asien gespielt.
Der Sack besteht aus Tierfell. Die Spielpfeifen funktionieren ähnlich wie Flöten.

Die **Schalmei** sieht aus wie eine große Holzflöte. Am unteren Ende geht sie trichterförmig auseinander. Dadurch hat sie einen sehr lauten Klang. Die Schalmei kommt ursprünglich aus Arabien.

____

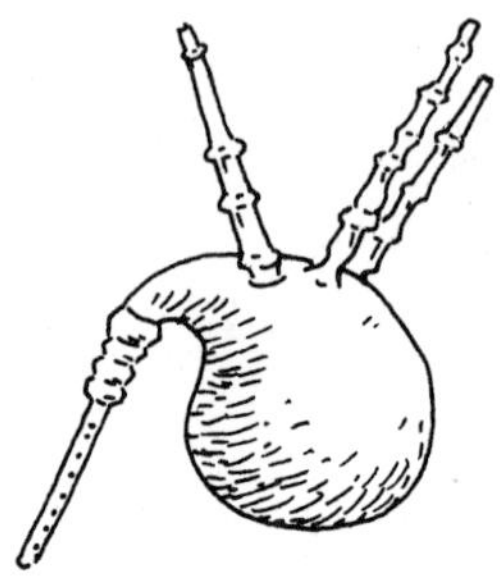

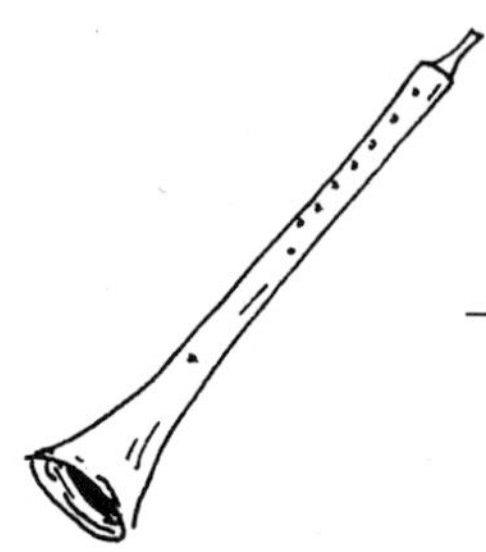

____

____

____

Die **Fidel** wird mit einem Bogen gespielt, ähnlich wie bei einer Geige. Die Saiten sind aus Pferdehaaren oder Tierdarm. Die Fidel gibt es in verschiedenen Formen und Größen.

Das **Tamburin** ist eine Handtrommel mit Schellen im Rand. Deshalb kann man auch Schellentrommel sagen.
Das Tamburin wird geschlagen oder geschüttelt.

Fahrende Sänger und Musiker– Arbeitsblatt 1

Fahrende Sänger und Musiker verbreiteten in ihren Liedern interessante Ereignisse und Geschichten über ruhmreiche Ritter oder schöne Frauen. Diese Informationen waren jedoch oft veraltet oder die Sänger übertrieben in ihren Texten, um die Burgherren zu beeindrucken.

1 **Wovon handelt dieses Lied? Schreibe auf.**

2 **Lerne das Lied auswendig.**

Ritter Giselher

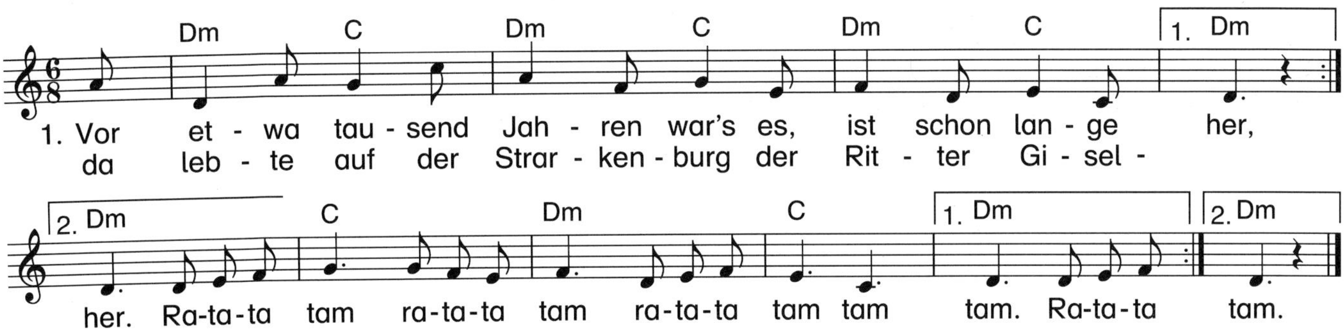

Vor etwa tausend Jahren war's,
es ist schon lange her,
da lebte auf der Starkenburg
der Ritter Giselher.
Ratata tam ratata tam ratata tam tam tam (2x)

Er kämpfte für den Kaiser
und auch für die Ritterehr'
mit Lanze, Schwert und einem Schild –
die Rüstung war so schwer.
Ratata tam ratata tam ratata tam tam tam (2x)

Die Frau an seiner Seite bangte
um ihn manche Stund'
zu Hause auf der Starkenburg,
ihr Nam' war Kunigund'.
Ratata tam ratata tam ratata tam tam tam (2x)

Doch wenn er dann nach Hause kam,
gefloh'n aus dem Verlies,
dann gab es gleich ein großes Fest
mit Wein und Schwein am Spieß.
Ratata tam ratata tam ratata tam tam tam (2x)

Text: Ulrike Meyerholz, Musik: Werner Beidinger © bei den Autoren

Fahrende Sänger und Musiker – Arbeitsblatt 2

1 **Male oder schreibe neben die Liedzeilen, welches Instrument gespielt werden soll.**

Instrument:

Vor etwa tausend Jahren war's, es ist schon lange her,
da lebte auf der Starkenburg der Ritter Giselher.
Ratata tam ratata tam ratata tam tam tam (2x)

Er kämpfte für den Kaiser und auch für die Ritterehr'
mit Lanze, Schwert und einem Schild – die Rüstung war so schwer.
Ratata tam ratata tam ratata tam tam tam (2x)

Die Frau an seiner Seite bangte um ihn manche Stund'
zu Hause auf der Starkenburg, ihr Nam' war Kunigund'.
Ratata tam ratata tam ratata tam tam tam (2x)

Doch wenn er dann nach Hause kam, gefloh'n aus dem Verlies,
dann gab es gleich ein großes Fest mit Wein und Schwein am Spieß.
Ratata tam ratata tam ratata tam tam tam (2x)

2 **Denke dir selbst eine Strophe zu dem Lied aus.**

Oft trugen Musiker und Spielleute bunte, lustige Kostüme. Vielleicht hast du etwas passendes vom Fasching zu Hause. Bringe es zur Aufführung mit.

Die gefesselten Daumen

Suche dir ein Wollknäuel aus.
Schneide einen Faden mit der Länge 1 m ab.
Knote den Faden an den Enden zusammen.
Nun kannst du mit dem Fadenspiel beginnen.
Lies dir die Anweisung gut durch und schaue dir die Bilder genau an.

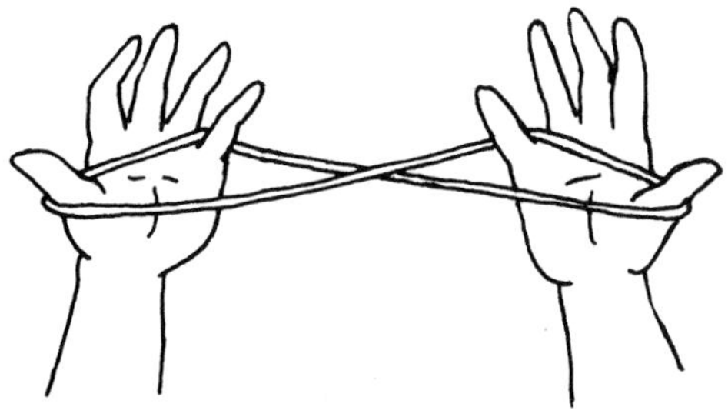

1. Der Faden liegt um die Daumen und die kleinen Finger. Das Schnurteil zwischen linkem Daumen und rechtem kleinem Finger liegt oben.

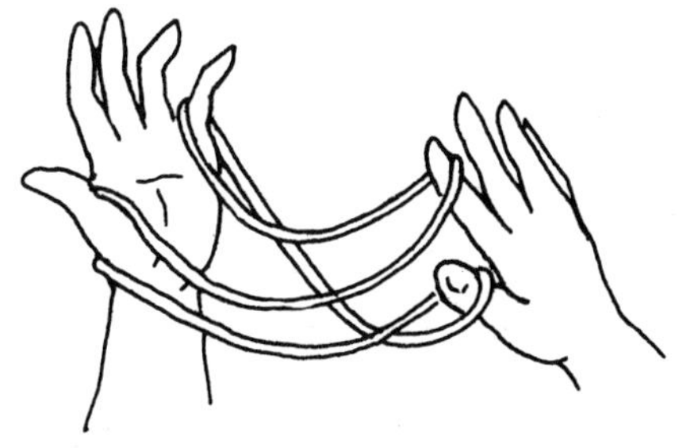

2. Der rechte Zeigefinger schiebt sich unter die linke Schnur und zieht sie rüber.

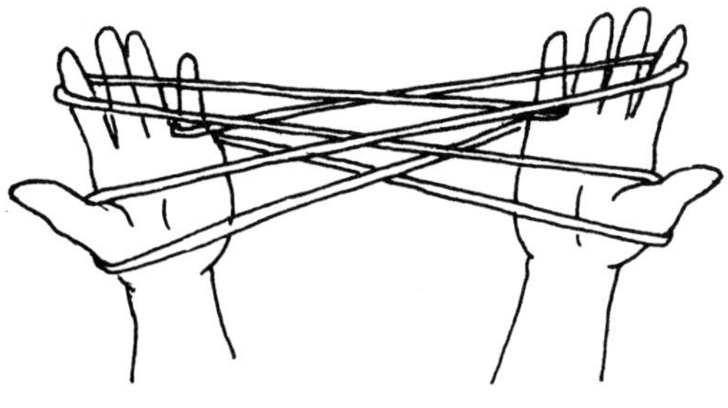

3. Das gleiche machst du mit dem linken Zeigefinger. Ziehe die Schnur stramm.

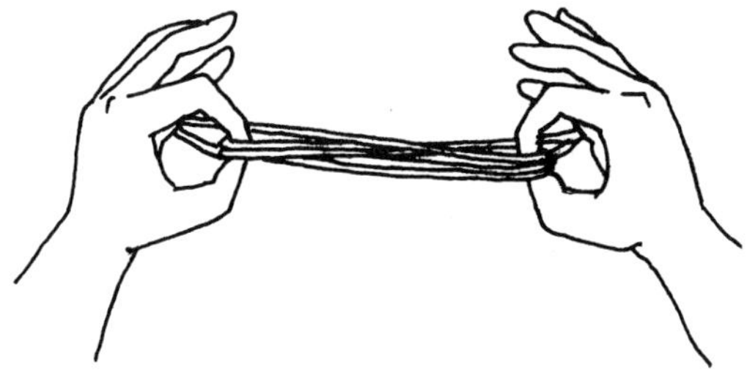

4. Führe nun Zeigefinger und Daumen zusammen. Schiebe die Zeigefingerschlaufen auf die Daumen.

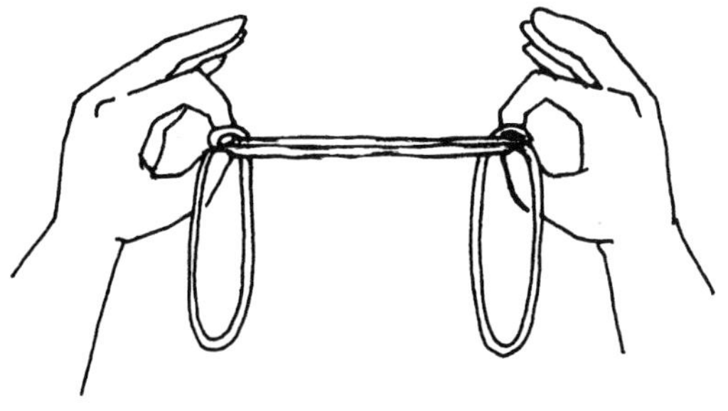

5. Winkle die kleinen Finger an, sodass die Schlingen herunterfallen.

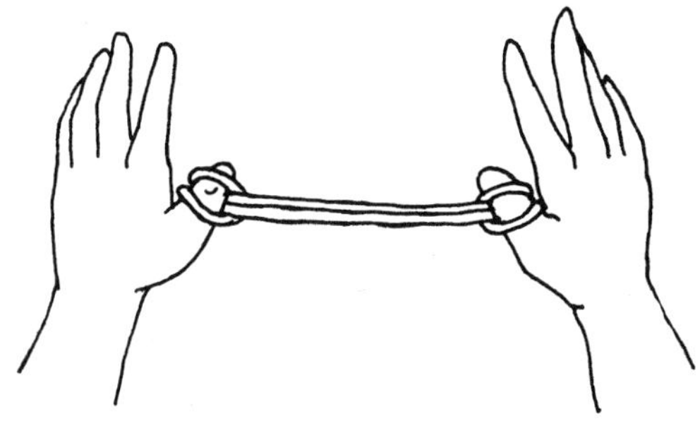

6. Strecke langsam die Finger nach oben und ziehe dabei die Hände auseinander. Nun bist du an den Daumen gefesselt!

1 **Übe das Fadenspiel so lange, bis du es auswendig kannst.**

Walther von der Vogelweide – Arbeitsblatt 1

Walter von der Vogelweide, 12. Jh.

Nemt, frowe, disen kranz:
alsô sprach ich zeiner wol getânen maget:
so zieret ir den tanz,
mit den schoenen bluomen, als irs ûffe traget.
het ich vil edele gesteine,
daz müest ûf iuwer houbet,
obe ir mirs geloubet.
sêt mîne triuwe, daz ichz meine.

Die deutsche Sprache unterschied sich im Mittelalter von unserem heutigen Deutsch. Sie erinnert etwas an „Plattdeutsch“, einen Dialekt, der in einigen ländlichen Gegenden auch heute noch gesprochen wird.

1 **Versuche, das Gedicht von Walther von der Vogelweide zu übersetzen.**

Lösung:
„Nehmt, Gräfin, diesen Kranz!“
So sagte ich zu einem schönen Mädchen.
„Dann schmückt Ihr diesen Tanz
mit den schönen Blumen, die Ihr tragt.
Hätte ich Edelsteine,
sie müssten auf Euer Haupt,
wenn Ihr mir das glaubt.
Seht meine Aufrichtigkeit,
dass ich es wirklich meine.“

2 **Wovon handelt das Gedicht? Erzähle.**

1 Schreibe dein eigenes Gedicht.

Die Gedichtform nennt sich **Rondell.**

Und so funktioniert es:

Ein Rondell hat eine Überschrift und besteht aus 8 Zeilen.

In jeder Zeile steht ein Satz.

Die 1., 4. und 7. Zeile eines Rondells sind immer gleich.

Die 2. und 8. Zeile eines Rondells sind auch gleich.

Die Sätze können sich reimen, müssen sie aber nicht.

Beispiel:

Herzklopfen

1. Mein Herz zerspringt vor Freud'.
2. Mein Liebster kommt heut vorbei.
3. Er bringt mir rote Rosen mit.
4. Mein Herz zerspringt vor Freud'.
5. Vor Glück könnt' ich laut singen.
6. Oder in die Luft hochspringen.
7. Mein Herz zerspringt vor Freud'.
8. Mein Liebster kommt heut vorbei.

Mein Rondell

4. 7 Arbeitsbereich 5: Das Leben außerhalb der Burg

So lebten die Kinder der Bauern und Adligen

Material:

- Hörspiel (S. 87)
- Arbeitsblatt (S. 88)
- Abspielgerät

Optional:

Falls kein Aufnahme- oder Abspielgerät zur Verfügung steht, kann der Text den Kindern auch als Lesetext zur Verfügung gestellt werden.

Vorbereitung:

Hörspiel aufnehmen.

Die Schülerinnen und Schüler sollen die Lebensweise der Bauernkinder und der Kinder des Adels kennenlernen und vergleichen, indem sie Informationstexte hören und anschließend in einer Tabelle Gemeinsamkeiten und Unterschiede herausarbeiten.

Stelle dir vor, du hättest im Mittelalter gelebt!

Material:

- Zwei Wandplakate
- Karteikarten (A6) oder kleine Zettel
- Klebstoff
- Stifte
- Wörterbuch

Vorbereitung:

Zwei große Wandplakate in verschiedenen Farben herstellen (Überschriften s. S. 83).

Die Schülerinnen und Schüler sollen verschiedene Lebensweisen kritisch durchdenken, indem sie ihre heutige Lebensweise mit der der Kinder im Mittelalter vergleichen.

Mittelalter-Bücherei

Material:

- verschiedene Bücher zum Thema
- Tippkarte (S. 89)
- Schreibblatt

Vorbereitung:

Oft bieten Büchereien den kostenlosen Service an, Bücherkisten zusammenzustellen. Die Kinder können den Bestand mit eigenen Büchern ergänzen. Diese bilden über die gesamte Werkstatt die Klassenbücherei.

Optional:

Die Kinder im Internet recherchieren lassen.

Die Schülerinnen und Schüler sollen sich darin üben, Büchern Sachinformationen zu entnehmen und für andere als Information aufzubereiten.

Ein Pfund Bohnen

Material:

- Arbeitsblatt (S. 90)
- Balkenwaage
- zwei „Gewichtsstücke" (510 g und 467 g)
- ca. 600 g dicke Bohnen

Optional:

Anstelle der Bohnen können andere gleichförmige Dinge wie Haselnüsse, Kastanien, Eicheln, Muggelsteine etc. benutzt werden.

Vorbereitung:

Zwei Gewichtsstücke herstellen, die äußerlich gleich aussehen (z. B. Sand, Steinchen, Mehl ... abwiegen und in stabile, gleich große Tüten/Behälter füllen). Von außen beschriften mit „Nürnberger Pfund" (510 g) und „Berliner Pfund" (467 g).

Steht keine Balkenwaage zur Verfügung, kann auch eine Tafelwaage verwendet werden. Oder Sie stellen selbst eine Bügelwaage her (Bastelanleitung s. S. 91).

Die Schülerinnen und Schüler sollen den Sinn der Einführung einer genormten Gewichtseinheit erkennen, indem sie mit nicht geeichten Gewichtsstücken Bohnen abwiegen. Ferner sollen sie frühere Maßeinheiten kennenlernen.

Filzen – ein mittelalterliches Handwerk

Material:

- Arbeitsblatt (S. 92)
- pro Kind ca. 50 g ungefärbte Schafwolle
- pro Kind 10 g bunte Schafwolle

- pro Kind einen runden Stein oder ein Überraschungs-Ei (das gelbe Plastik-Ei)
- ggf. Reis
- Kernseife
- Wasserschale
- 2 Schalen
- raue Unterlage (z. B. Automatte oder Abstellfläche beim Spülbecken), Handtuch, evtl. Schürze

Vorbereitung:

Um dem Expertenkind helfen zu können, sollte man vorher selbst einen Filzball hergestellt haben.

Die Schülerinnen und Schüler sollen erkennen, dass der Stoff Filz aus dem Naturmaterial Schafswolle besteht, indem sie einen Filzball herstellen. Weiterhin sollen sie ein mittelalterliches Handwerk kennenlernen.

Die Filzbälle können auch gut zum Jonglieren verwendet werden (S. 68, 69, 74, 75).

Von Hexen und Teufeln

Material:

- Arbeitsblatt (S. 93)

Die Schülerinnen und Schüler sollen erkennen, dass grundlegende Menschenrechte ein wertvoller Bestandteil unserer heutigen Gesellschaft sind und diese sich erst im Laufe der Zeit entwickelt haben, indem sie sich in die Lage eines zu Unrecht verurteilten Menschens versetzen. Außerdem sollen sie erfahren, dass sich der Wissensstand der Menschen verändert.

Optional:

Aus der letzten Fragestellung kann sich eine aktuelle Diskussion über Menschenrechte ergeben. Auch das Thema Todesstrafe könnte zur Sprache kommen. Hier muss jedoch vorsichtig und sehr sensibel darauf geachtet werden, inwieweit das Thema mit der jeweiligen Lerngruppe vertieft werden kann. Es sollten in jedem Fall positive Beispiele und Lösungsvorschläge gesammelt werden. Über die Homepage von Amnesty International können aktuelle Unterrichtsmaterialien bestellt werden:
http://www.amnesty.de/de/2910/.

Pro	**Contra**
Ich wäre gerne ein adliges Kind, weil …	Ich möchte kein adliges Kind sein, weil …

Beispiel für ein Wandplakat (s. S. 82)

So lebten die Kinder der Bauern und Adligen

Matthias und Johanna erzählen aus ihrem Leben.
Matthias' Eltern sind Bauern.
Johanna kommt aus einer adligen Familie.

Höre dir an, was Matthias und Johanna berichten.

Vergleiche dein Leben mit dem Leben der Kinder im Mittelalter.
Welche Unterschiede und Gemeinsamkeiten kannst du finden?
Trage deine Ergebnisse in die Tabelle ein.

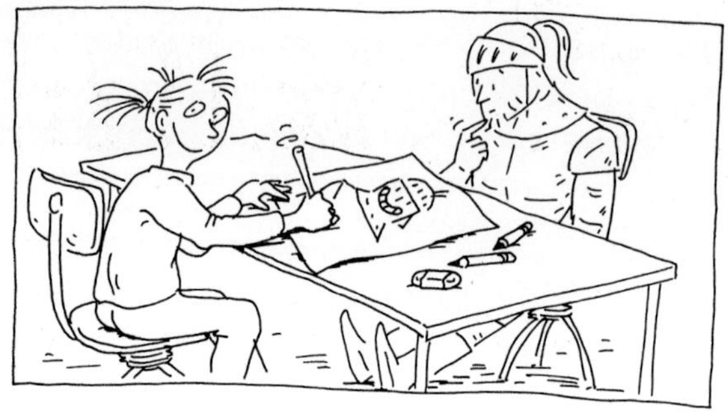

Stelle dir vor, du hättest im Mittelalter gelebt!

Überlege:
Wärst du gerne ein Bauernkind gewesen?
Oder lieber ein Kind der Adligen?
Oder keins von beiden?

Schreibe deine Überlegungen auf die Karteikarten.
- Kontrolliere mit dem Wörterbuch, ob du alles richtig geschrieben hast.
- Klebe die Karteikarten an die richtigen Stellen des Wandplakates!

Mittelalter-Bücherei

Nimm dir ein Buch zum Thema „Ritter und Burgen" aus unserer Klassenbücherei.

Lies darin ein bis zwei Kapitel.
Was hast du erfahren? Schreibe auf.

Bereite eine Präsentation vor.
Erzähle den anderen Kindern bei der Präsentation, was du erfahren hast.

Hinweise für die Vorbereitung einer Präsentation findest du auf der Tippkarte.

Ein Pfund Bohnen

Wenn du etwas abwiegen möchtest, nimmst du eine Waage. Die Waage misst das Gewicht ganz genau ab. Das geht schnell und einfach.

Im Mittelalter gab es noch keine elektronischen Waagen. Auch die Maßeinheiten Kilo und Gramm waren noch nicht erfunden. Trotzdem konnte man Waren abwiegen.

Finde heraus, wie die Menschen im Mittelalter das Gewicht ihrer Ware bestimmten. (Arbeitsblatt)

Filzen – ein mittelalterliches Handwerk

In der mittelalterlichen Stadt gab es viele Handwerksberufe. Bei diesen Berufen wurde etwas per Hand hergestellt. Zum Beispiel gab es den Kesselmacher, Bäcker, Spinner, Schmied, Schuster oder Kerzengießer.

Auch Frauen arbeiteten in diesen Berufen. So war es in der Stadt selbstverständlich, dass die Mädchen genauso wie die Jungen bei einer Meisterin oder einem Meister ein Handwerk erlernten.

Einen Handwerksberuf kannst du hier kennenlernen: den Filzwalker/die Filzwalkerin.

Finde heraus, was die Filzwalker und -walkerinnen herstellten.

Von Hexen und Teufeln

Im Mittelalter wurden hunderttausende Menschen gequält, gefoltert und getötet, weil man sie für Hexen oder Hexer hielt. Die meisten von ihnen waren Frauen.

Bei einer „Hexenprobe" sollte überprüft werden, ob es sich bei der Person um eine Hexe handelte oder nicht. Oft wurde die Angeklagte dabei auf grausame Weise getötet.

Aber gab es im Mittelalter wirklich Hexen und Hexer?
Finde es heraus!

So lebten die Kinder der Bauern und Adligen – Hörspiel

Bauernkind Matthias

Hallo, ich heiße Matthias und lebe mit meiner Schwester Maria und meinen Eltern auf einem Bauernhof. Zeit zum Spielen haben Maria und ich kaum. Unsere Familie ist sehr arm. Wir müssen, seitdem wir laufen können, jeden Tag auf dem Bauernhof und unseren Feldern arbeiten. Abends erzählen wir Geschichten, denn lesen und schreiben haben wir nicht gelernt, weil wir nicht in die Schule gehen können.

Meine Schwester Maria lernt, seitdem sie sieben Jahre alt ist, was im Haushalt zu tun ist: kochen, putzen, Wasser holen, Getreide mahlen und Feuer machen.

Was hast du mit sieben Jahren gelernt?

Das Land, auf dem wir leben und arbeiten, gehört einem Ritter. Daher gehört ihm auch unsere Familie. Ohne Erlaubnis dürfen wir unser Gebiet nicht verlassen, sonst werden wir von dem Ritter bestraft. Uns Bauern nennt man auch Leibeigene.

Gehören du und deine Familie auch jemandem?

Ich bin jetzt vierzehn Jahre alt und muss wie ein erwachsener Bauer jeden Tag auf dem Feld und dem Hof arbeiten. Zur Schule gehe ich nicht. Maria wird morgen fünfzehn Jahre alt und heiratet nächste Woche einen Bauern aus der Nachbarschaft. Dafür brauchte sie auch die Erlaubnis des Ritters.

Bist du auch schon verheiratet?

Johanna von Hohenstein

Hallo, ich heiße Johanna von Hohenstein und ich lebe zusammen mit meiner Familie auf einer Burg. Wir sind eine adlige Familie und die Burg gehört uns. Schon mit fünf Jahren erhielten meine Brüder und ich einige Stunden Unterricht in der Woche im Lesen, Schreiben und Rechnen. Am Nachmittag lernten meine Brüder das Reiten, während ich am Spinnrad in der großen Stube saß.

Schnell war diese Zeit vorbei und mit sieben Jahren zogen meine Brüder von zu Hause aus, um eine Ausbildung bei einem Ritter zum Pagen zu machen.

Hast du mit sieben Jahren auch eine Ausbildung begonnen?

Ich blieb bei meinen Eltern und fing mit sieben Jahren an, die Haushaltspflichten zu erlernen. Dazu gehörten auch die richtigen Umgangsformen, lieblich, fromm und gehorsam zu sein. Mit Sticken, Weben, Musizieren war ich oftmals bis abends beschäftigt.

Hast du heute auch solche wichtigen Aufgaben zu erfüllen?

Ich bin jetzt sechzehn Jahre alt und meine Eltern haben mir einen Ehemann ausgesucht. Sobald ich verheiratet bin, ziehe ich zu meinem Mann und werde ihm den Haushalt führen.

Für meine Brüder änderte sich das Leben, als sie zwölf Jahre wurden. Sie wurden vom Pagen zum Knappen. Sie erlernen nun das Reiten, Fechten, Bogenschießen und gehen auf die Jagd. Auch das Abrichten eines Adlers wird ihnen beigebracht. Es ist eine harte Ausbildung, die einen meiner Brüder mit fünfzehn Jahren das Leben kostete.

Was ist heute in deinem Leben besonders gefährlich?

So lebten die Kinder der Bauern und Adligen – Arbeitsblatt

1 **Vergleiche dein Leben mit dem Leben der Kinder im Mittelalter. Welche Unterschiede und Gemeinsamkeiten kannst du finden?**

	dein Leben	Bauernkind	Kind der Adligen
Wie und wo wohnst du?			
Welche Aufgaben musst du erledigen?			
Was machst du in deiner Freizeit?			

2 **Denke dir eigene Fragen aus und trage sie in die Tabelle ein!**

Wie bereite ich eine Präsentation/einen Vortrag vor?

Beachte:
Dein Vortrag soll einen sinnvollen Aufbau haben.
Dein Vortrag muss sachlich richtig sein.

Erläutere:
Was hast du Wichtiges erfahren?
Warum ist es wichtig?
Wo hast du deine Informationen gefunden? (Buchtitel, Homepage ... nennen.)

Stelle deine Informationen anschaulich dar.
Du kannst auch eine Zeichnung anfertigen,
ein Bild aus einem Buch kopieren oder aus dem Internet ausdrucken.

Weitere Tipps für einen gelungenen Vortrag
Steh aufrecht mit gelockerten Schultern.
Atme gut durch.
Beginne mit der Vorstellung deines Gedankens („Ich erzähle euch von ...“).
Sprich laut, dass dich auch Schüler in der letzten Bank hören können.
Sieh die Zuhörer an.
Sprich langsam.
Stehe beim Reden ruhig.
Beantworte Zwischenfragen der Zuhörer.
Falls keine Fragen gestellt werden, frage nach, ob es welche gibt.
Bedanke dich am Schluss für das Zuhören.

Ein Pfund Bohnen – Arbeitsblatt

Im Mittelalter benutzten die Menschen eine Balkenwaage, um ihre Waren abzuwiegen.

In den großen Städten gab es eine öffentliche Balkenwaage, die nur der Waagmeister bedienen durfte. Gegen eine Gebühr konnten hier Handelsgüter abgewogen werden.

Da die Maßeinheiten Kilo und Gramm noch nicht erfunden waren, rechneten die Waagmeister mit der Einheit Pfund. Das Gewicht von einem Pfund war jedoch von Stadt zu Stadt verschieden.

In *Nürnberg* entsprach 1 Pfund etwa 510 Gramm.

In *Berlin* entsprach 1 Pfund etwa 467 Gramm.

Die Balkenwaage funktionierte so:

Nun legt der Waagmeister auf die linke Waagschale so viele Waren (Bohnen, Äpfel ...), bis die Waage im Gleichgewicht ist. Die Ware wiegt dann genau 1 Pfund.	**Balkenwaage** 	Auf die rechte Waagschale wird das Gewicht gelegt, z. B. ein Pfund.

1 **Stell dir vor, du möchtest ein Pfund Bohnen kaufen.**
Nimm das Nürnberger Pfund. Wiege ab, wie viele Bohnen du bekommen würdest.
Wiederhole die Aufgabe mit dem Berliner Pfund.

Was fällt dir auf?

____

____

In welcher Stadt bekommst du mehr Bohnen? Begründe!

____

____

Wie könnten die Kaufleute das Problem mit dem Gewicht „Pfund" lösen?

____

____

Ein Pfund Bohnen – Bastelanleitung

Material:
- 1 stabiler Bügel
- Paketband
- 2 Plastikschalen (Blumentöpfe oder Partygeschirr)
- Schere, Stift, Lineal
- Kleiner Stock als Gewicht
- Zettel (6 x 6 cm)
- Klebefilm

1. 6 Bänder á 35 cm abschneiden.
2. Die Plastiktöpfe an 3 Stellen durchbohren, Band hindurchziehen und verknoten.
3. Die drei Bänder oben verknoten und jeweils über ein Ende der Bügel hängen.
4. In der Mitte des Bügels den Zettel mit Klebefilm ankleben.
5. Ein 15 cm langes Band abschneiden. Den Stock am unteren Ende verknoten. Das obere Ende um den Bügelhaken fixieren.
6. Die Bügelwaage aufhängen oder auf dem Finger balancieren, bis sie sich nicht mehr bewegt.
7. Der Faden mit dem Stock beschreibt eine Linie auf dem Zettel: diese Linie nachzeichnen.
8. Die Waage ist nun im Gleichgewicht und kann benutzt werden.

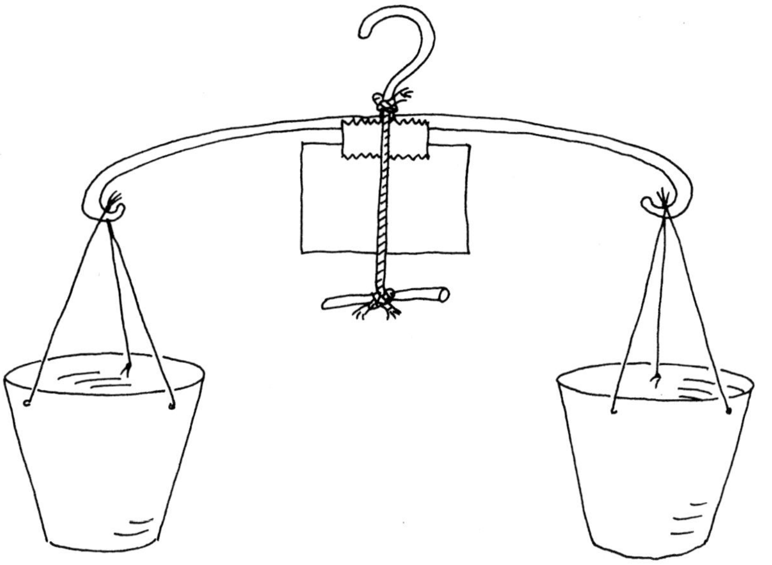

Filzen – Arbeitsblatt

Unser Essen, unsere Kleidung und andere Dinge kaufen wir heute in einem Geschäft oder Supermarkt. Die Ladenbesitzer stellen die Dinge aber nicht mehr selbst her, sondern sie kaufen sie von einem Großhändler. Der Großhändler bekommt die Sachen von den Bauern oder der Textilindustrie geliefert.

Im Mittelalter wurden die Waren direkt dort verkauft, wo sie hergestellt wurden. Die Hutmacherin stellte Hüte, der Bierbrauer Bier her und sie verkauften die Waren auch selbst.

Die Filzwalker und -walkerinnen stellten einen sehr wichtigen Stoff her: das Filz. Aus Filz wurden Schuhe, Mützen, Taschen, Röcke … hergestellt. Auch Spielsachen wie Puppen oder Bälle konnten aus Filz geformt werden.

Jetzt kannst du selbst einen kleinen Filzball herstellen.

Du brauchst:

- Ungefärbte Schafwolle (ca. 50 g)
- Kernseife
- 2 Schalen
- einen Stein/gelbes Überraschungs-Ei
- Gefärbte Schafwolle (ca. 10 g)
- Wasserschale mit warmem Wasser
- Automatte
- ggf. Reis (zum Befüllen des Überraschungs-Eies)

Zupfe Rohwolle und farbige Wolle in zwei verschiedene Schalen.

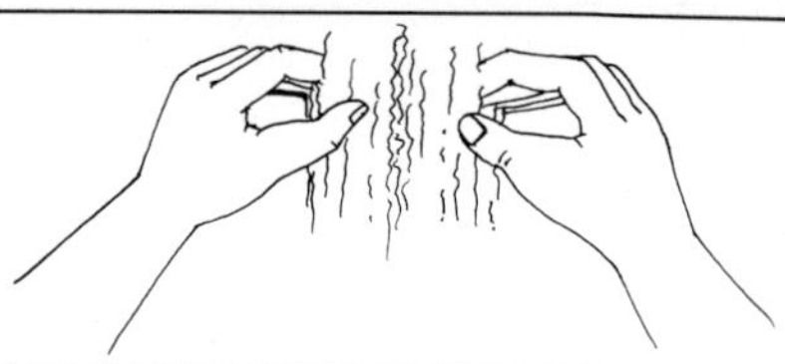

Lege die Rohwolle schichtweise um den Stein/das befüllte Überraschungs-Ei.

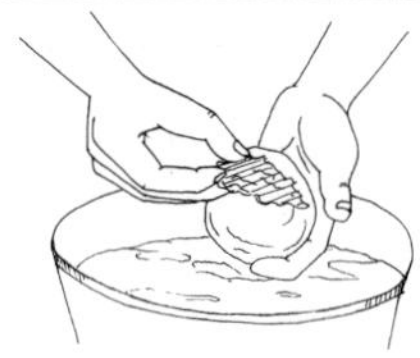

Tauche die Kugel vorsichtig in Seifenlauge. Halte sie dabei fest umschlossen in deiner Hand.

Wenn der Ball noch etwas dicker werden soll, lege weiter Rohwolle um die Kugel. Lege ihn, wenn er groß genug ist, auf die Automatte.

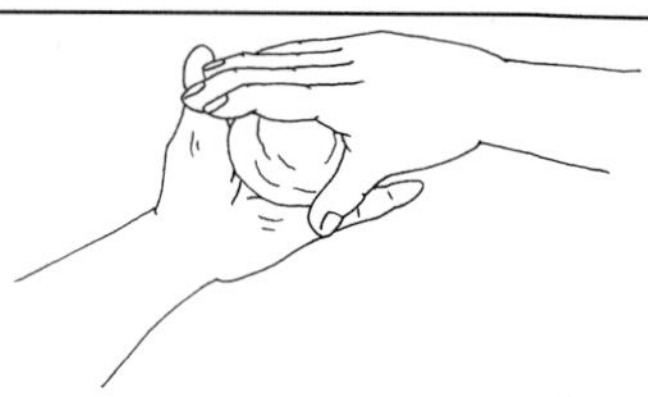

Lege die farbigen Wollflocken rundherum auf den Ball. Drücke sie sanft an. Gieße nach jeder Wollflocke eine Handvoll Seifenlauge über den Ball.

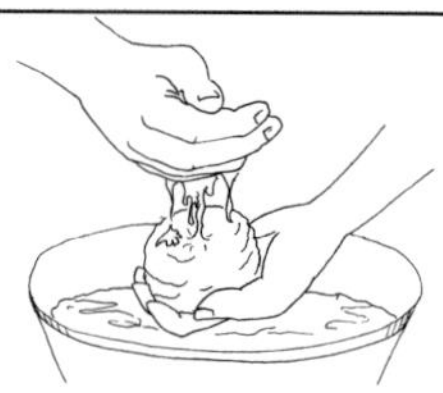

Streichle, drücke und reibe den Ball in beiden Händen und auf der Automatte. Erst sanft, dann immer fester. Gib immer wieder Seifenlauge über den Ball.

Der Ball ist fertig, wenn er hart und fest ist. Lasse ihn trocknen.

Von Hexen und Teufeln – Arbeitsblatt

1 **Lies den Text genau durch. Unterstreiche, was du wichtig findest.**

Wenn im Mittelalter jemand schwer krank wurde oder ein großes Unwetter die Ernte vernichtete, glaubten die Menschen, dass der Teufel daran schuld sein müsste. Sie hatten dafür keine andere Erklärung.

Die Menschen dachten, dass der Teufel in Gestalt von Hexen und Hexern sein Unwesen trieb. Deshalb wurden Frauen und Männer, die etwas „Auffälliges" taten, für Hexen gehalten. Sie waren „vom Teufel besessen".

Oft wurden die weisen Kräuterfrauen beschuldigt oder Menschen, die nicht in die Kirche gingen. Es konnte aber auch passieren, dass jemand einfach seine Nachbarin anzeigte, weil er sie nicht leiden konnte.

Um festzustellen, ob jemand eine Hexe war, wurde eine „Hexenprobe" durchgeführt. Die Beschuldigte wurde gefesselt und an einen schweren Stein gebunden. Anschließend wurde sie ins Wasser geworfen. Ging die Beschuldigte unter und ertrank, war sie KEINE Hexe. Schwamm sie oben, so war sie „vom Teufel besessen". Auch im Gefängnis wurden sie oft so lange gequält und gefoltert, bis sie Dinge gestanden, die sie gar nicht gemacht hatten.

Du kannst dir sicher vorstellen, wie schlimm es für die Menschen war, die als Hexen angezeigt wurden.

2 **Suche dir einen Partner oder eine Partnerin.**
Stellt eine Beschuldigte in einem Standbild dar.

Das geht so:
Stellt euch vor, einer von euch würde als „Hexe" oder „Hexer"
im Gefängnis sitzen und auf die Hexenprobe warten:
Was denkst du? Was fühlst du?

Schreibe auf.

Die Beschuldigte setzt sich nun auf den Boden. Achte auf deine Körperhaltung und deinen Gesichtsausdruck.

Das andere Kind stellt sich daneben und legt seine Hand auf die Schulter der „Hexe". Sage nun laut und mit Betonung, welche Gedanken der Beschuldigten durch den Kopf gehen.

3 **Spiel euer Standbild im Abschlusskreis vor.**

Laufzettel

Auf der Burg	Station begonnen	Station beendet	Station kontrolliert
Aufbau und Gebäude einer Burg			
Räume einer Burg			
Die Burgmauern			
Unsere Sandburg			
Lauras Traum vom Burgalltag			
Meine mittelalterliche Geschichte			
So lebten die Ritter	Station begonnen	Station beendet	Station kontrolliert
Ausbildung zum Ritter			
Die Tugenden der Ritter			
Die Bedeutung von Wappen			
Einen Schild herstellen			
Die Ritterrüstung			
Jeanne d'Arc			
Im Kräutergarten und in der Küche	Station begonnen	Station beendet	Station kontrolliert
Gewürze für die Adligen			
Kräuter und Kräutersalz			
Heilpflanzen			
Kosten für Speis und Trank			
Apfelkette			
Benimmregeln bei Tisch			
Zeitvertreib und Unterhaltung	Station begonnen	Station beendet	Station kontrolliert
Belagerung – ein ritterliches Brettspiel			
Gaukler und Akrobaten			
Mittelalterliche Instrumente			
Fahrende Sänger und Musiker			
Kinderspiele auf der Burg			
Walther von der Vogelweide			
Das Leben außerhalb der Burg	Station begonnen	Station beendet	Station kontrolliert
So lebten die Kinder der Bauern und Adligen			
Stell dir vor, du hättest im Mittelalter gelebt!			
Mittelalter-Bücherei			
Ein Pfund Bohnen			
Filzen – ein mittelalterliches Handwerk			
Von Hexen und Teufeln			

Der Test fragt die wesentlichen Inhalte der Werkstatt ab. Den gesamten Test in einer Unterrichtsstunde zu schreiben, würde jedoch eine Überforderung der Schülerinnen und Schüler darstellen. Daher sind die Aufgaben so gegliedert, dass sich jede Lehrkraft entweder nur bestimmte Seiten zusammenstellt oder einzelne Aufgaben heraussucht und einen zu ihrer Lerngruppe passenden Test zusammenstellen kann. Da die Kinder zum Teil sehr unterschiedlich in der Werkstatt arbeiten, können somit auch differenzierte Tests innerhalb einer Lerngruppe geschrieben werden.

Lernzielkontrolle I

Name: ______________________ Datum: ______________ Klasse: ______________

1 Trage die Lösungen in die Lücken ein.

a) Das Mittelalter begann ______ n. Chr. und dauerte bis ______ n. Chr.

b) Die Abkürzung „n. Chr." bedeutet ______________________________.

c) Die Zeit **vor** dem Mittelalter nennt man ______________________________.

d) Die Zeit **nach** dem Mittelalter bezeichnet man als ______________________________.

2 Schreibe die richtige Zahl vor den Begriff.

___ Zugbrücke
___ Burgtor
___ Kemenate
___ Torhalle
___ Wehrgang
___ Bergfried
___ Burggarten
___ Turm mit Verlies
___ Burgtor
___ Eselstreiberstube
___ Gesindehaus
___ Zisterne
___ Zeughaus mit Marstal
___ Palas

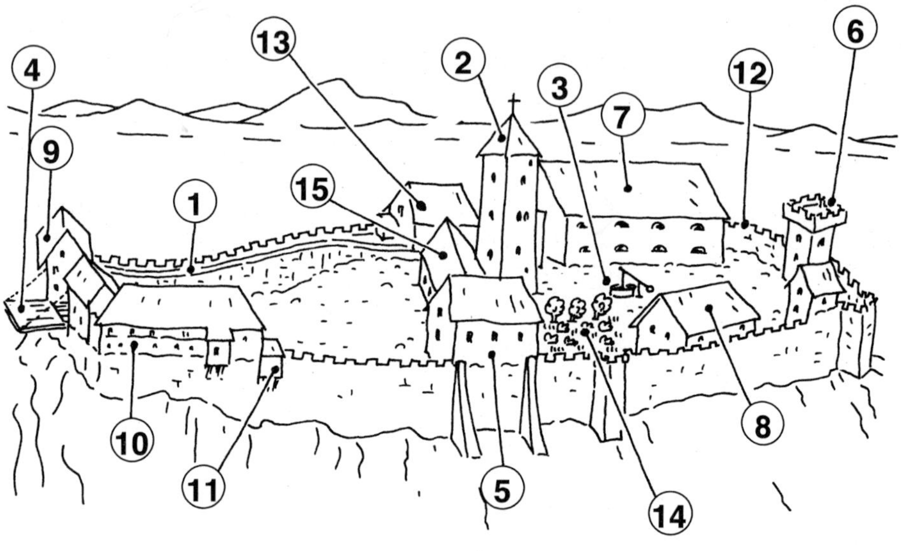

3 In der Burg gab es verschiedene Räume: Rittersaal, Schmiede, Kemenate, Bergfried, Kapelle, Küche.
Suche dir einen Raum aus. Beschreibe den Raum: Was wurde darin gemacht? Welche Dinge gab es dort? Wer hielt sich darin auf? Was fällt dir noch ein?

____

____

____

Lernzielkontrolle II

Name: ______________________ Datum: ______________ Klasse: ______________

1 Zu Zeiten der Ritter und Burgen war vieles anders als heute. Beschreibe kurz:

a) Wie konnten Lebensmittel haltbar gemacht werden?

____

b) Wie konnten die Menschen z. B. die Dicke der Burgmauern messen?

____

c) Was konnten die Menschen in ihrer Freizeit oder am Abend tun?

____

2 Beschreibe, wie ein Kind zum Ritter wurde.

Zwei wichtige Voraussetzungen waren, dass das Kind

____________________________ und ____________________________.

Das Kind wurde mit ______ Jahren von seinen Eltern an den Hof eines Ritters geschickt.

Es war nun ein ______________.

Er musste viel lernen, zum Beispiel (nenne 3 Beispiele)

____.

Im Alter von ____________ wurde aus ihm ein ____________. Nun begann ein neuer Abschnitt der Ausbildung. Er musste viele Dinge trainieren: (nenne 3 Beispiele)

____.

Wenn er seinem Herrn treu gedient hatte, wurde er mit ______ Jahren zum Ritter ernannt. Bei einer feierlichen Zeremonie erhielt er (nenne 2 Beispiele)

____.

Außerdem schwor er, ____.

Lernzielkontrolle III

Name: ______________________ Datum: ______________ Klasse: ______________

1 Nenne drei Tugenden der Ritter.

____

____

____

2 Die Kinder der Bauern und Adligen wuchsen ganz unterschiedlich auf.
Nenne Vor- und Nachteile.

Bauernkind		**Adliges Kind**	
Vorteile	Nachteile	Vorteile	Nachteile

3 Welche Vor- und Nachteile hatte die Ritterrüstung?

Vorteile	**Nachteile**

4 Erkläre den Begriff „Leibeigene“.

____

Lernzielkontrolle IV

Name: ______________________ Datum: ______________ Klasse: ______________

1 Im Mittelalter glaubten die Menschen an Hexen und Teufel.
Deshalb wurden viele Frauen verhaftet und der Hexenprobe unterzogen.
Was wurde bei der Hexenprobe gemacht?

2 Gab es im Mittelalter Hexen? Was meinst du dazu?

3 Mit Kräutern und Heilpflanzen können Krankheiten geheilt werden.
Nenne zwei Kräuter. Schreibe auf, gegen welche Krankheiten sie helfen.

Kraut	**hilft gegen diese Krankheit**

4 Warum nannte man im Mittelalter das Salz „weißes Gold"?

5 Gewürze wie Ingwer, Knoblauch oder Zimt waren im Mittelalter sehr teuer.
Erkläre, warum sie so teuer waren!

Lernzielkontrolle V

Name: ______________ Datum: ______________ Klasse: ______________

1 Beschreibe kurz eine der beiden Personen:
Wer war *Johanna von Orleans (Jeanne d'Arc)?* ODER
Wer war *Walther von der Vogelweide?*

2 Die Kinder auf der Burg hatten keine Barbie-Puppen oder Lego zum Spielen. Trotzdem besaßen sie auch Spielzeug. Nenne drei Beispiele.

3 Wenn ein Kaufmann ein Pfund Bohnen kaufen wollte, bekam er in Nürnberg eine andere Menge Bohnen als in Berlin. Warum? Begründe.

4 In der mittelalterlichen Stadt gab es viele Handwerksberufe. Nenne 3 Beispiele.

Lernzielkontrolle V

Name: ______________________ Datum: ______________ Klasse: ______________

1 Hier siehst du mittelalterliche Instrumente. Ordne die Namen richtig zu:
Tamburin, Sackpfeife, Fidel, Schalmei

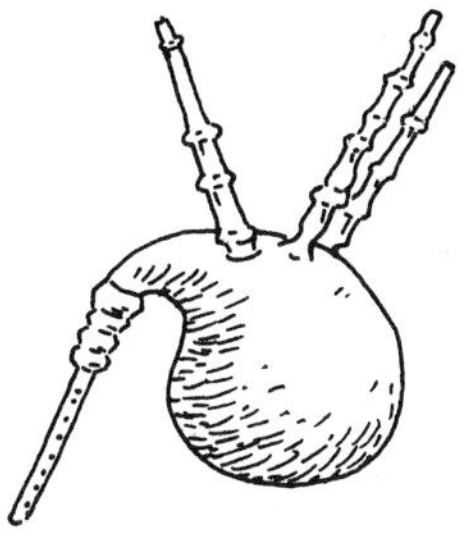

____

____

____

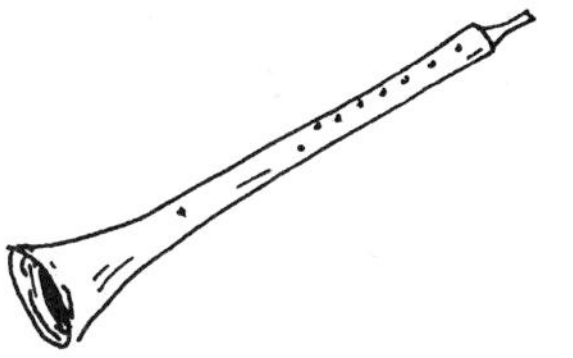

____

2 Hättest du gerne im Mittelalter gelebt?
Welche Dinge würden dir gefallen? Welche findest du schlecht?

Diese Dinge finde ich gut (Pro)	Diese Dinge finde ich schlecht (Contra)

Das Mittelalterfest ist gleichzeitig eine Abschlusspräsentation, bei der die Eltern mit einbezogen werden können. Da nicht jedes Kind jede Aufgabe vorstellen kann, wird eine Vorauswahl getroffen. Die Kinder wählen das schönste Stabpuppenspiel, die geschicktesten Jongleure, die spannensten Geschichten usw. Die Lehrkraft sollte darauf achten, dass jedes Kind zumindest eine Sache vorstellen kann, sodass niemand benachteiligt wird.

Je nachdem welche und wie viele Beiträge es gibt, wird ein Programm erstellt. Dies darf natürlich auf der Einladung nicht fehlen.

Alle weiteren Arbeitsergebnisse wie Mittelalter-Portfolio, Schild, Kräutersalzschatz werden auf Tischen oder an Stellwänden präsentiert.

Die Kinder können ihre Vorschläge und Ideen für das Fest auch während der Werkstattarbeit auf einem Plakat sammeln. Dazu wird ein großes Plakat im Klassenraum aufgehängt.

Beispiel-Einladung:

Mittelalterfest der 4c

Wir möchten euch herzlich zu unserem Mittelalterfest am 5. Mai im Klassenraum der 4c einladen.

Programm

1. Geschichten aus dem Mittelalter
   von *Murat* und *Nina*
2. Die Tugenden der Ritter
   Ein Rollenspiel mit *Tom, Lara, Marie* und *Nico*
3. Lied „Ritter Giselher"
   Gesang und Musik von *Rafael, Beate, Hans* und *Elif*
4. …

Essen und Trinken

Beim Mittelalterfest sollte darauf geachtet werden, dass damals noch keine Gabeln benutzt wurden. Stattdessen kann jeder einen großen Löffel mitbringen oder mit den Fingern essen. Als Teller dient eine große Scheibe altes Brot.

Die Speisen und Getränke werden aufs Mittelalter abgestimmt:

- Obst und Gemüse aus der Region (Äpfel, Birnen, Karotten, Radieschen, Beeren …)
- hart gekochte Eier
- roher Schinken, Schweinebraten
- Gemüsesuppe
- Roggen- oder Vollkornbrot
- Butter und Quark
- einheimische Nüsse und Kerne (Haselnüsse, Sonnenblumenkerne …)
- verschiedene Käsesorten

Zum Naschen:

- getrocknete Apfelringe, Rosinen, Marmelade, Honig, Früchtekuchen, eingelegtes Obst, Grütze

Getränke:

- Wasser ohne Kohlensäure, Milch, Säfte aus einheimischem Obst (Apfel-, Zwetschgen-, Johannisbeer-, Holunderbeer-, Traubensaft)

Kinder-Met

Ein beliebtes Getränk war Honig-Wein, Met. Nach folgendem Rezept können Sie eine alkoholfreie Version herstellen. Die Zutaten reichen für 6 Portionen.

Zutaten:

- 700 ml Wasser
- 300 mg Honig
- 800 ml heller Traubensaft
- Zimt
- Muskat

Zubereitung:

Das Wasser in einem Topf erwärmen. Den Honig unter Rühren hinzugeben. Die Mischung kurz aufkochen lassen.

Das Honigwasser abkühlen und im Kühlschrank ziehen lassen. Anschließend mit dem Traubensaft auffüllen und je nach Geschmack mit Zimt und Muskat würzen. Schmeckt warm und kalt.

Arme Ritter

Zutaten:

- 4 dicke Scheiben Weißbrot (nach Möglichkeit ein paar Tage alt)
- 4 Eier
- 1/4 Liter Milch
- 50 g Butter
- evtl. Honig, Marmelade oder Zucker

Zubereitung:

Milch und Eier miteinander verrühren. Die Brotscheiben in die Eiermilch legen und von beiden Seiten gut einweichen lassen. Butter in einer Pfanne erhitzen und die Brotscheiben von beiden Seiten knusprig braun braten.

Wer möchte, kann sein Brot mit etwas Honig, Marmelade oder Zucker würzen.

Kleidung

Bei der Kleidung sind der Fantasie keine Grenzen gesetzt. Die Kinder können ihren Ritterschild benutzen und den selbst gebastelten Ritterhelm (s. S. 48) aufsetzen. Ein Burgfräulein zieht ein einfaches Kleid an und setzt einen spitzen Hut (Anleitung siehe S. 104) auf. Natürlich sind auch Bauernfamilien, Spielleute, Handwerker und Kräuterfrauen willkommen.

Bastelanleitungen Kostüme/Utensilien

Ritter

Brustpanzer

Material:

- 2 große quadratische Eierpappen (ca. 8 x 8 Reihen) oder dicke Pappe
- etwas dünne Pappe
- Band
- Schere
- Silberspray, Silberfarbe oder Alufolie
- Klebstoff

Die Eierkartons mit der Silberfarbe ansprühen und trocknen lassen. Stehen keine Eierkartons zur Verfügung, kann der Brustpanzer auch aus dicker Pappe hergestellt werden. Hierfür die gewünschte Größe zweimal aufmalen und ausschneiden. Die Pappe Silber anmalen oder mit Alufolie bekleben.

In die Eierkartons oder die Pappe in jede Ecke Löcher bohren und ein Band hindurchziehen. Nun werden die zwei Hälften des Brustpanzers wie folgt miteinander verbunden:

Der Brustpanzer kann gut über beide Schultern gehängt werden. Die Seiten verknotet man am besten erst, wenn das Kind den Brustpanzer schon umgehängt hat.

Vorher kann er noch verziert werden. Aus der dünnen Pappe schneidet das Kind die Form eines Wappens aus. Das Wappen wird genauso angemalt wie das Wappen auf dem Schild des Kindes und dann auf die Mitte des Brustpanzers geklebt.

Speer

Material:

- ein möglichst gerader Stock (z. B. Ast)
- Bierdeckel
- Schere
- Silberfarbe oder Alufolie
- evtl. Klebstoff
- evtl. Schleifpapier

Den Bierdeckel von beiden Seiten Silber anmalen oder mit Alufolie bekleben. Mit der Schere in die Mitte ein Loch bohren und den Ast durchstecken. Fertig!

Der Ast kann bei Bedarf vorne mit Schleifpapier etwas „spitz“ geschliffen (Vorsicht: Verletzungsgefahr!) und ebenfalls angemalt oder beklebt werden.

Schwert

Material:

- dicke Pappe
- Silberfarbe oder Alufolie
- Klebstoff
- Schere
- evtl. bunte Glassteinchen oder Goldfarbe

Auf die Pappe wird das Schwert in der gewünschten Form und Größe aufgezeichnet und dann ausgeschnitten. Die Kinder malen es Silber an oder bekleben es mit Alufolie. Der Griff kann mit den Glasperlen oder der Goldfarbe verziert werden.

Turnierfahne/Wimpel

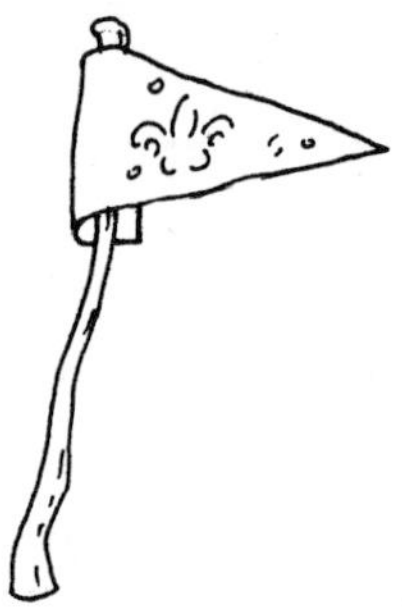

Material:

- langer Ast
- dünne Pappe
- Klebeband oder Tacker
- Schere
- Malfarben

Auf die Pappe wird ein spitzes gleichschenkliges Dreieck in der gewünschten Größe aufgezeichnet und ausgeschnitten. Nun kann der Wimpel von beiden Seiten angemalt werden. Am besten eignet sich natürlich dasselbe Wappen, welches das Kind auf seinem Schild gezeichnet hat.

Nun wird die kurze Seite des Dreiecks um den Fahnenmast gewickelt und festgeklebt oder getackert.

Burgfräulein

Kegelhaube

Material:

- Tonpapier
- Schere
- Gummiband
- Klebeband oder Tacker
- Krepppapier in verschiedenen Farben
- Malfarben
- evtl. Pailletten, Glassteinchen, Glitter zur Verzierung

Auf das Tonpapier einen großen Viertelkreis aufzeichnen und ausschneiden. Der Hut wird zunächst mit Malfarben oder anderer Verzierung verschönert. Den Hut dann zum Kegel zusammenrollen und mit Klebeband oder Tacker die Enden verbinden. Dabei auf den Kopfumfang des Kindes achten. In die Kegelspitze werden bunte Krepppapierstreifen gesteckt und festgeklebt.

Damit die Kegelhaube nicht vom Kopf fällt, werden unten zwei gegenüberliegende Löcher gebohrt, durch die das Gummiband gezogen wird.

Zur Kegelhaube passen gut geflochtene Zöpfe, ein einfaches Kleid mit hohem Gürtel und Sandalen.

Bauer oder Bäuerin

Material:

- großer Kartoffelsack
- Seil oder Band
- Kopftuch oder Strohhut

Den Kartoffelsack so hinlegen, dass die offene Seite nach unten zeigt. Nun ganz oben in der Mitte ein Loch für den Kopf schneiden. An der Seite oben links und rechts Öffnungen für die Arme schneiden. Den Kartoffelsack über den Kopf ziehen und mit einem Seil oder dickem Band einen Gürtel um die Taille binden. Dazu geht man entweder barfuß oder mit einfachen Sandalen. Eine dunkle Strumpfhose und ein alter Strohhut machen die Verkleidung komplett. Die Bäuerin trägt ein Kopftuch.

Gaukler oder Spielleute

Material:

- buntes Narrenkostüm, evtl. vom Fasching (Clown)
- Schellenbänder oder Glöckchen
- ggf. Kronkorken, Schnur, Dosenstecher
- mittelalterliche Instrumente (Tamburin, Rassel etc.)

Die Schellenbänder um Hand- und Fußgelenke binden.

Aus Kronkorken können Schellenbänder gebastelt werden. Dazu die Kronkorken in der Mitte durchbohren und auffädeln.

Mit den Filzbällen wird jongliert oder andere kleine Kunststücke (Rad schlagen, Vorwärts-/Rückwärtsrolle, Handstand ...) werden präsentiert.

Handwerker und Handwerkerin

Material:

- alt aussehendes Werkzeug

Je nach gewünschtem Beruf mittelalterlich einkleiden und spezielles Werkzeug mitbringen und tragen/umhängen.

Heilerin, Kräuterfrau oder Hebamme

Material:

- einfaches Kleid mit Kopfbedeckung (weiße Haube, Kapuze oder Tuch)
- typische Gegenstände: Kräuter, Babypuppe, Bild von Hildegard von Bingen ...

7 Literaturverzeichnis

[1] *Bauer, Roland:* Lernen an Stationen. Ein Weg zum kindgerechten Lernen. Berlin 1997.

[2] *Beidinger, Werner u. a.:* Funkelsteine 4. Fächerübergreifendes Gestalten im Zusammenspiel von Musik, Kunst und Bewegung. Frankfurt a. M. 1998, S. 30–45.

[3] *Beidinger, Werner u. a.:* Funkelsteine 4. Fächerübergreifendes Gestalten im Zusammenspiel von Musik, Kunst und Bewegung – Kommentare. Frankfurt a. M. 1998, S. 28–34.

[4] *Bergsträsser, Erwin:* Wohnen und Leben auf einer mittelalterlichen Burg. In: Förderschulmagazin, Heft 9, 1999, S. 23–24.

[5] *Brade, Ulrike:* Ritter und Burgen. In: Praxis Grundschule, Heft 5, 1999, S. 57–60.

[6] *Brochard, Philippe:* So lebten sie in den Burgen des Mittelalters. Burgen und Festungen in Europa. 1981.

[7] *Camphausen, Carmen:* Ritterfest – Tolle Tipps für mutige Ritter mit Grips. Kempen, 2. Aufl. 2000.

[8] *Carlson, Laurie:* Wir spielen Mittelalter. Eine Mappe zum Basteln, Malen, Kochen, Spielen, Lernen. Mühlheim an der Ruhr 1998.

[9] *Chopin, Brigitte; Joly, Dominique:* Mittelalter. Köln 2004.

[10] *Choppin, Brigitte:* Spuren der Geschichte – Die Ritter. Köln 2002.

[11] *Corbishley, Mike:* Das Buch vom europäischen Mittelalter. Wissenswertes in Worten, Karten und Bilder. Würzburg 1991.

[12] *Frank, Annegret:* Streicheln, Spüren, Selbstvertrauen. Münster 2003.

[13] *Galloway, Priscilla:* Alchemist, Bogenschütze und 98 andere Jobs aus dem Mittelalter. Köln 2006.

[14] *Gervé Dr., Friedrich:* Perspektivrahmen Sachunterricht. Materialien zur Didaktik des Sachunterrichts. In: GDSU-Info, Heft 21, Vechta 2002 (www.ph-heidelberg.de/wp/gerve/su/texte/gdsu2.htm#2.5).

[15] *Groß-Ernst, Birgit; Strelau, Marion:* Lernwerkstatt Ritter. Kempen, 6. Aufl. 2006.

[16] *Hoefs, Hartmut:* Durchblick – Freies Lernen in Projekten. Ritter, Bauern, Bürger. Mühlheim an der Ruhr 1993.

[17] *Hoffmann-Pieper, Kristina u. a.:* Das große Spectaculum. Kinder spielen Mittelalter. Münster 2002.

[18] *Kaiser, Astrid:* Praxisbuch handelnder Sachunterricht. Band 2. Hohengehren 2001, S. 1–6 und S. 192–198.

[19] *Lamschus, Hilke:* Weißes Gold aus Lüneburg. Kurze Informationen über die Lüneburger Saline und ihr Salz. Lüneburg, 6. Aufl. 1991.

[20] *Lassert, Ulrike:* Die Menschen damals im Mittelalter. Kopiervorlagen zur Freiarbeit. Donauwörth 2001.

[21] *Marchand, Pierre:* Die große Bertelsmann Enzyklopädie des Wissens: Die Zeit der Ritter und Burgen – Leben im Mittelalter. München 1993.

[22] Microsoft Encarta Enzyklopädie 2001. 1993–2000 Microsoft Corporation.

[23] Niedersächsische Kultusminister: Kerncurriculum für die Grundschule (Sachunterricht). Hannover 2006.

[24] *Reichen, Jürgen:* Sachunterricht und Sachbegegnung. Zürich 1997.

[25] *Rinkens, Hans-Dieter; Hönisch, Kurt* (Hrsg.): Zahlenwerkstatt – Welt der Zahl. Ganzheitlich unterrichten – Material 3. Schuljahr. Hannover 1999, Kapitel 8: Projekte.

[26] *Taylor, Barbara:* Entdecke die Welt der Ritter. Leonberg 2007.

[27] *Uitz, Erika:* Die Frau im Mittelalter. Wien 2003.

[28] Vom Faustkeil zum Laserstrahl. Die Erfindungen der Menschheit von A – Z. Stuttgart 1982.

[29] *Weidener, Stefan:* Ritter Peter von Sonnenschein und Prinzessin Grisilla. In: Praxis Grundschule, Heft 2, 2000, S. 33–38.

[30] Westermann Schulbuchverlag GmbH (Hrsg.): Historisches Lernen – Was sollen Grundschulkinder lernen? Grundschule, Heft 9, 2000.

[31] http://www.mittelalter-server.de/Mittelalter-Geld/Das-Mittelalter_ma_waehrung.html (26.6.08)

[32] http://www.lehnswesen.de (26.6.08)

Jederzeit optimal vorbereitet in den Unterricht?

»